第一次自助游超简单

BALI

第一次
自助游巴厘岛
超简单

2015—2016年版

林柏寿 编著·摄影

北京·旅游教育出版社

CONTENTS

第一次自助游巴厘岛超简单 2015—2016 年版

| 006 | 作者序 |
| 007 | 玩巴厘岛的6大理由 |

008　Chapter 1　认识巴厘岛篇

010	巴厘岛基本情报
012	跟巴厘岛有关的15个问题
015	看地图认识巴厘岛
018	吃在巴厘岛
026	玩在巴厘岛
042	买在巴厘岛
050	住在巴厘岛

058　Chapter 2　彻底准备篇

060	收集情报
064	规划行程
066	准备证件
068	购买机票
072	预订住宿
076	准备旅费
078	打包行李

082　Chapter 3　快乐出发篇

084	出入机场
092	巴厘岛机场对外交通
094	巴厘岛当地交通
098	前往印度尼西亚其他地区

100 Chapter 4 达人行程篇

- 102 行程1：奔向海角天涯14日游
- 110 行程2：精华经典5日游
- 112 行程3：潜水爱好者专用5日游
- 114 行程4：博物馆文化探访5日游
- 116 行程5：欢乐亲子动物园1日游
- 117 行程6：海滩酒吧放纵1日游
- 118 行程7：逛街血拼腿酸1日游
- 119 行程8：电影景点朝圣1日游

120 Chapter 5 分区导览篇

122 | 库塔・雷根
- 库塔海滩
- 库塔广场
- 波皮巷
- 爆炸纪念碑
- 硬石餐厅
- 蓝海海滩

125 | 塞米亚克・克罗柏坎
- 咖啡巴厘餐厅
- 塞米亚克广场购物中心
- 巴厘热食
- 美提斯

128 | 丹戎白努亚・努沙度瓦
- 丹戎白努亚海滩
- 巴厘精品购物中心
- 格格海滩

130 | 金巴兰・乌鲁瓦图
- 金巴兰海滩、鱼市场
- 岩石酒吧
- 新库塔海滩
- GWK文化公园
- 舒鲁班海滩
- 巴兰杠海滩
- 乌鲁瓦图神庙

134 | 登巴沙
- 普普丹广场
- 巴东市场
- 宇宙神庙

136 | 沙努
- 沙努海滩
- 勒梅耶博物馆

137 | 乌布
- 乌布王宫
- 暮尼小吃店
- KAFE
- 淘气诺莉小吃店
- 布兰柯文艺复兴美术馆
- WARUNG MAMAYA BALI

142 | 巴度尔火山与巴度尔湖
- 巴度尔火山
- 金塔马尼
- 透耶本嘉
- 巴度尔神庙
- 特嘎拉让

144 | 百度库与布拉坦湖
- 双子湖、高峰咖啡
- 帕充
- 展帝昆宁公园、湖水女神庙

146 | 中西部
- 阿韵花园神庙
- 克兰比坦王宫
- 海神庙
- 神圣巴厘考神庙
- 嘉帝路维

148 | 东部及东北部
- 贝沙奇母庙
- 古代花园法庭
- 阿贡火山
- 泉帝塔萨
- 环瑟拉亚火山海岸道路
- 阿美
- 土狼奔

151 | 北部及西北部
- 新葛拉加
- 罗威那
- 色里里
- 班家温泉
- 巴厘岛国家公园、鹿岛
- 吉利马努克
- 佩母特兰

155 | chapter 6 旅游资讯篇
- 156 实用资讯
- 159 实用旅行印度尼西亚语

作者序

从开始撰写《巴厘岛玩全指南》到现在，历经好几个更新版本，加上后来出版的《巴厘岛的走法》，让我俨然变成朋友口中一个很懂巴厘岛的玩家。其实我只不过是个爱到世界各地吃吃喝喝的人，而且直到现在我都还享受在这样的幸福当中。

我曾在旅行社待过，带过一两次团，受够了带团旅游时客人对领队颐指气使，领队又为了对公司和自己的荷包有所交代，只好鞠躬哈腰地引导客人进入购物点。整个过程大抵就是上车睡觉、下车买药，真的是一场没有赢家的旅行，也不是我可以接受的方式。这样尔虞我诈、互相利用与控制的结果，就是没有人真正在享受旅行，没有人有机会感受旅行的美妙，更别提融入当地文化或是与当地人有密切的接触。

后来我脱离旅行社的工作，从那时起，我决定要掌握自己的旅行，因此我亲自订机票、饭店、火车、船……开始虽然懵懂无知，但在自我架构旅程的过程里，我慢慢地获得自我实践的满足与成就感，建立了自信。

自己安排旅行教会了我很多事，在一次次与不同国家人种的接触中，我发现："外国的坏人原来很多，虽然外国的好人也一样很多。"所以谦虚需要适当，礼让也应该得宜，千万不要自大，但也不要让别人占便宜。和外国人相处时，等待与被动都不是好方式，积极、友善与主动才是最好的生存法则，道理看似简单，却是我从一次次旅行中得来的宝贵经验。

近几年经常遇到很多来自祖国大陆的年轻人，我总会热情地对他们报以微笑，或是进一步与他们交谈。他们多半是自助旅行度假，让我不禁羡慕、也非常赞赏这样的安排，因为他们正用独特的方式与世界接轨，把年轻时光交给世界大熔炉淬炼，我知道，他们接下来会找到自我及自信，到那时候，他们会不一样，祖国大陆也会不一样。

希望这本书有机会，能让想要踏出旅行第一步的朋友，用自己的方法规划旅行，哪里都好，只要踏出步伐，也会和我享受到一样的快乐！

玩巴厘岛的6大理由

喜欢微笑又很鸡婆的热情人民

巴厘岛是一个充满微笑的岛屿，微笑，来自于当地人的乐观天性，他们相信善恶自有老天决定，否极总会泰来。虽然个性温和、憨厚、浪漫，但他们偶尔也喜欢管管闲事，遇到外来的客人总是会热情地问候，虽然有时"打破砂锅问到底"，但也让孤寂旅人的心情瞬间温暖起来。

专门出产精致Villa与自然SPA

提起最精致的Villa（别墅）以及结合大自然的SPA（水疗养容与养身），大部分的人第一时间都会联想到巴厘岛。岛上的天然美景吸引连锁酒店集团及SPA公司进驻，兴建许多奢华浪漫的私人别墅、酒店、SPA中心，也建立了巴厘岛在休闲市场上屹立不摇的地位。

香料之岛的本土美味及异国美食

印度尼西亚素有"香料之国"的美称，十分多样的香辛料，加上巴厘岛迥异于印度尼西亚其他省份的饮食文化，促成了如水彩画般的缤纷美馔。此外，巴厘岛的异国料理也十分精彩，各国名厨充分利用所当地时鲜，料理出顶级美味佳肴，不仅可用公道的价格享受，服务又十分亲切，绝对不可错过。

美轮美奂的海底世界及极上海鲜

巴厘岛四面环海，丰富的海底生态吸引无数冲浪客、潜水客慕名而来，让巴厘岛海岸的热闹程度完全不输给观光要区的热闹街道。此外，与海亲近的地理环境，造就新鲜美味的各式海味料理，除了享誉国际的金巴兰碳烤美食外，港式餐厅的海鲜料理手法也是一绝。

景致动人的世界遗产、火山、湖泊

巴厘岛拥有多变的火山地形，除了极具冒险色彩的活火山外，因熔岩淤塞形成的火山湖泊，不仅风景秀丽，更是巴厘岛珍贵的储水库。因为山地地形衍生出的速坝客水源分配制度、梯田耕作方式，数百年前的传统至今仍旧延续，现已被列入世界文化遗产。

古今并存的独特宗教艺术文化

相当于中国明朝期间，国力强盛的满者帕夷王朝，其印度教文化非常丰厚，帝国式微后，大批人才出走巴厘岛，特殊的制度、艺术、饮食、衣着、建筑、生活习惯在岛上扎根衍生，至今不只当地人引以为荣，每年更吸引无数的观光客到访。

Chapter 1
认识巴厘岛篇

| 巴厘岛基本情报…………………010 |
| 跟巴厘岛有关的15个问题……012 |
| 看地图认识巴厘岛……………015 |
| 吃在巴厘岛……………………018 |
| 玩在巴厘岛……………………026 |
| 买在巴厘岛……………………042 |
| 住在巴厘岛……………………050 |

符号代表讯息

地 地点位置　址 地址　电 相关电话　时 营业时间　网 相关网址
票 参观门票　费 费用　交 交通方式　邮 email

巴厘岛基本情报

有了这些知识，你也可以是『巴厘岛通』

巴厘岛属于印度尼西亚的33个省份之一，至今仍维持与其他伊斯兰教省份截然不同的印度教文化，呈现古代印度尼西亚最强盛的满者帕夷王朝时期之精华及传统。如百花绽放般的宗教与艺术，以及源远流长的种性制度，维系着今日巴厘岛上的每一个人，加上人民友善乐观的性格，让这座观光饭店林立的小岛，每年总吸引无数来自各国的观光客。

地理环境

巴厘岛为印度尼西亚1.7万多个岛屿中的一座小岛，距离首都雅加达约1000公里，巴厘岛西北部的吉利马努克与爪哇岛之间，隔着巴厘海峡，仅有3.2公里宽，与爪哇岛的来往十分频密。全岛面积约5630平方公里，地势东高西低，大部分为山地地形，岛上有多座火山峰，其中的岛上最高点出现在海拔3142米的阿贡火山，另外还有仍会不定时喷发的巴度尔火山。知名的湖泊有布拉坦湖、布扬湖、坦布林干湖以及巴度尔湖。

人口种族

巴厘岛上的居民，原先多是巴厘岛的原住民，后来因为殖民、贸易、观光等缘故，种族越显多元，人口数也逐渐攀升，目前已破400万大关。每年更是有来自全球、破百万人次的旅人前往巴厘岛，使这里成为人种丰富的缤纷岛屿。

气候

巴厘岛纬度在赤道以南8°，属于热带，整年的气温最低平均气温约24℃，最高平均气温约31℃，平均湿度约为78%，天气闷热潮湿。岛上季节主要分为雨季（10月至次年3月）、干季（4月至9月）。干季期间，东部和北部经常降水不足，雨季的时候，有时降雨会导致局部积水。对旅游来说，干季因少雨，天气较为舒适便利，是岛上的旅游旺季。

语言与文字

就像中国台湾原住民有自己的母语一样，巴厘岛也有自己的语言，至今大多数的巴厘岛人仍会使用，巴厘岛语因阶级而有不同用法，文字则是源自古印度教经文。此外，岛上也通行官方语言，也就是印尼语（Bahasa Indonesia），文字使用英文字母拼写，发音则采用罗马拼音。

政治形态

印度尼西亚是为总统制共和国，采行单一制，政治权力集中于中央政府，总统是国家元首、政府首脑和武装部队最高统帅。自2004年第六任总统选举开始，总统和副总统改由全国直接选举，只能连选连任一次，每任五年，和之前强人独裁、军人政治的时代不同。内阁由总统任命，但须征得国会同意；当地方首长方面，人民可以选举市长和省长级别官员。

■巴厘岛小常识

世界遗产：速坝客

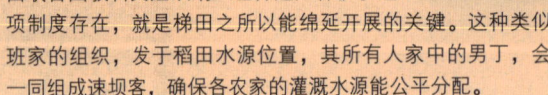

速坝客(Subak)是巴厘岛自公元9世纪传承至今的水资源分配系统，并在2013年时，由联合国教科文组织纳入世界遗产保护。这项制度存在，就是梯田之所以能绵延开展的关键。这种类似班家的组织，发于稻田水源位置，其所有人家中的男丁，会一同组成速坝客，确保各农家的灌溉水源能公平分配。

Chapter1 认识巴厘岛篇

■ 巴厘岛小常识
班家 Banjar

在巴厘岛，亘古以来，一直存在着一种社区共存共荣的"班家"(Banjar)制度，所谓的班家，就是村庄(Desa)各邻里之间组成的自治组织，一个村庄里，至少会有一个班家，结婚后的男性都会加入，被遴选出来的班家领导人(Klian Banjar)则会率领所有成员共同维护家园、协调大小事物，村内的出生、成年、结婚、死亡，还有各种大小不同的祭拜仪式都由他们来主导。

每一个巴厘岛人都归属于某个班家组织，这必须登记在户政资料中，对每个成年男子来说，成为班家的一员是理所当然的事，若因为犯错而被逐出班家，是比死还痛苦的惩罚，足见班家在巴厘岛人心中的地位。

大部分的人都不能拒绝班家的召集，因为村里的大小事都需要众人通力合作，即便是外地人在巴厘岛定居、做生意，也要与班家维持良好互动，因此，在巴厘岛只要班家有令，公司多半会准员工的假。

国旗、省旗

印度尼西亚国旗(Sang Merah Putih)由红白两色横带组成，整体比例2：3，有"荣耀红白"之称，这面旗帜的设计，是基于13世纪满者帕夷王朝的国旗概念。

巴厘岛的省旗是一面带有巴厘岛象征图腾的橘色旗帜，这些图腾包括善恶之门、巴厘岛寺庙尖塔，金黄色的星辰在顶端，稻米、棉花在左右两侧，以及在底端的红色莲花，代表巴厘岛的光辉与荣耀。

宗教

巴厘岛人大多信奉印度教。岛上原由许多邦国统治，1515年爪哇的满者帕夷(Majapahit)王朝灭亡，信奉伊斯兰教的数个国家入侵爪哇，大批的贵族、僧人、工匠、艺术家逃到巴厘岛，也带来了印度教文化。直到现在，岛上居民仍保有相同信仰，是印度尼西亚全国中少数没有被伊斯兰文化同化的地区。

■ 巴厘岛小常识
种姓制度与巴厘岛人的名字

笃信印度教的巴厘岛人，至今仍遵循着古老的"种姓制度"(Castes)，将人类分成四个阶层，分别是"婆罗门"（祭司，Brahmana）、"莎翠亚"（贵族，Satria）、"维西亚"（武士，Wesya）以及"苏德拉"（平民，Sudra），彼此的社会地位各有高低。在以前，不同阶层是不能通婚的，现在虽然阶层仍在，但在年轻人之间已经懂得平等、尊重，禁忌少了许多，例如通婚就是被允许的。没有"姓"的巴厘岛人，各阶层的名字，都有其固定的规则，例如在苏德拉(Sudra)阶层，不管男女，老大都叫"瓦扬"(Wayan)，老二叫做"马爹"(Made)，老三叫"纽曼"(Nyoman)，老四叫"可吐"(Ketut)；到了老五，再回头从瓦扬叫起，这些取名的方式是巴厘岛人的习惯，不过，在这个代表排行顺序的名字后面，还会有一个父母给予的名字，这样才不易被搞混，简言之，他们名字的组成，就是排行称号加上名字，例如"Nyoman Sudiarna"，Nyoman是这个人的排行（老三），Sudiarna则是他的名字。

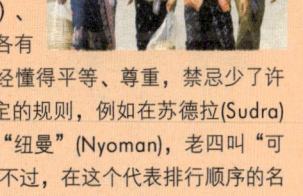

跟巴厘岛有关

1. 与中国的时差？

巴厘岛与中国没有时差，都是GMT+8（东八区），不过印度尼西亚的雅加达、日惹、泗水等地（GMT+7）比北京时间慢1个小时，如果你是从上述城市抵达巴厘岛，就须注意时差问题。

■ 巴厘岛　■ 北京

2. 要怎么换钱？

巴厘岛的通用货币是印度尼西亚的卢比（Rupiah，一般以Rp. 或是IDR表示），1美元约可以兑换Rp. 12200，1元人民币约可兑换Rp. 2020.87（2015年1月）。

机场出口以及大街小巷上的"Money Changer"店家都可进行外汇兑换，不过要注意的是，常有旅人在兑币时遭到诈骗，想避开这种情况，选择汇率不过低的店家是较安全的办法。一般Money Changer都会把各国钱币换卢比的汇率写在牌子上，挂在店门外当招牌，汇率"超好"的店家通常都有问题。此外，换钱后务必当场点清，避免争议或敲竹杠的可能。

准备旅费 ▶详见 P076

3. 电压、插座跟中国一样吗？

巴厘岛的电压是220V/50Hz，跟中国一样，请确认你要在当地使用的电子用品可以接受100V～240V之间的电压，否则就必须携带变压器。又，巴厘岛的插座是有凹槽的2个圆孔，跟中国也不同，需要转换接头，一般的星级酒店大多提供外借，可以多加利用。

Tip! 新开通的海上道路 Mandara Toll Road

全长约12.7公里的跨海湾快速道路Mandara Toll Road，大致可分为努拉来国际机场到沙努、努拉来国际机场到努沙度瓦、努沙度瓦到沙努等三段路线，是当地政府为了解决巴厘岛南部库塔、努沙度瓦、金巴兰等热门观光区的严重交通问题，斥资2亿美元进行的道路改善工程之一，2011年动工兴建，2013年10月全面完工。

现在从库塔到金巴兰、努拉来国际机场可以走地下的快速道路，如果想从库塔或沙努前往努沙度瓦，则可走海上快速道路，和以往拥塞停滞的可怕交通状况相比，节省非常多的时间。行经海上快速道路须交过路费，每次Rp.10 000。

4. 常用的交通工具是？

巴厘岛是一个大众交通运输非常不发达的地区，没有地铁、铁路，所谓的路线公交车一直到近两年才开设，但只有2条路线，使用起来并不便利。当地人或背包客常用的交通工具，包括摩托车、Bemo、计程车或包车（含司机驾车服务）等，另外也有旅游公司专门经营几个大区域间的巴士路线，以及开往爪哇岛各大城市的长途游览车。

巴厘岛当地交通 ▶详见 P094

Chapter1 认识巴厘岛篇

5 生活上常见的禁忌是？

巴厘岛的印度教有一些禁忌，例如进入寺庙不能露出膝盖，女性生理期间不能进入寺庙。有些庙宇规定一定要穿"沙龙"才能参加巴厘岛的庆典或庙会，也有部分庙宇根本禁止外人进入。无论如何，都请别去触犯这些禁忌，以免惹来麻烦，同时也是对当地传统的尊重。

6 真的可以"用力杀价"？

常可以从许多旅游节目里得到这种信息：巴厘岛是个可以"杀价杀得很过瘾"的购物天堂。这规则在一些小摊子、艺术手工艺品市集的确行得通，不过，在免税店、高档精品店、画廊等地方，杀价就显得不得体了。因此，想要享受杀价的乐趣，还是得看地方，市集、跳蚤市场等场所要是不杀价可就亏大了！

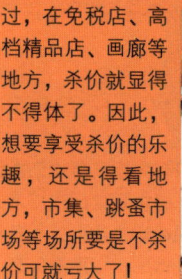

的15个问题

出发前一定要知道的事！

7 如何使用电话、无线网络？

巴厘岛街上贩卖有各家电信公司发售的易付卡，可以轻易地安装在游客日常使用的手机上，使用额度依个人需求而定，不够时再到店家加值即可。这些易付卡里，也有包含3G无线网络的选择，各家方案不一，购买时须问清楚。不过，一般的易付卡都是大卡形式，像iPhone等手机，使用不同形式的卡片，通常需要对易付卡再加工才可安装，请直接洽询店家协助。

8 在酒吧、海滩很容易有艳遇？

在巴厘岛的酒吧、海滩，有一种很特别的职业：Beach Boys，他们终日在海滩或酒吧闲晃，向外国女子搭讪献殷勤，等到女方坠入情网，他们就会以家人生病、想做点小生意为由，伸手向女方要求金钱援助。通常在女方给钱后，海滩男孩就会消失不见！因此，若不想人财两失，一定要小心。

9 照着地址走却找不到目的地？

有时会听到有人抱怨当地的街道规划不够有章法规则，同在一条街道的邻居，地址却有个不同的路名，相比之下，巴厘岛那麽夸张得多，而且更胜好几筹！因为巴厘岛人喜欢自己帮路取绰号，有时绰号叫久了，反而忘记原来的官方路名是什么。所以，当你在巴厘岛要记住某个地址时，最好的方式，是将该地址邻近的店家、地标一并搞清楚，那些几巷几号，从来就没有逻辑可言，比方说10号的隔壁为什么会是88号，我就从来没弄清楚过。

013

10. 机场有夺行李的"挑夫"？

挑夫在巴厘岛机场是特许的合法行业，他们帮旅客从行李转盘拿下行李，再用推车或人力协助通关，再将行李护送到停车场，费用不高，1件行李约Rp.10000。但是，为了赚钱，这些挑夫会竞相抢夺客人行李或强行提供服务，常惹来游客不悦。如果需要帮忙，那就与其谈妥价格，若不需要，就直接、坚决地说"NO"！

11. 购买大型家具、艺术品怎么寄回中国？

在巴厘岛购买大型家具或艺术品时，大多店家会提供后续运送服务，他们都有特约的船运、货运公司及报关行，相当方便省事。如果是大量采购，可以考虑自行与船运公司联络，船运公司会根据货柜尺寸的价格报价，整个货柜（或是半个）的价格通常会比单品便宜，不过双边税务问题就得再找相关的货运、报关行处理。

13. 巴厘岛的饮食卫生要注意？

巴厘岛属于热带地区，饮食卫生需要特别注意，尤其是巴厘岛的一大饮食特色："路边摊"。这些摊贩的设备通常比较简陋，保鲜相对困难，如果不想因为闹肠胃而败兴，建议的保险做法，是挑选较有规模的餐厅作为用餐地点。如果无法抗拒随处可见的路边美味，那自行观察卫生细节并备妥肠胃药是唯一办法。

12. 餐厅越热生意越好？

巴厘岛的餐厅大多没有空调，反而以露天环境为主流，这是为了迎合众多欧美游客想体验酷热或吹晚风的喜好。因此，不只街上餐厅不开冷气，连5星级大酒店也不例外，运用自然的方式避暑，例如树荫、凉亭，开放空间的餐厅、酒吧等用餐空间最受欢迎，要有在吃饭时流得满身大汗的心理准备。只能说入乡随俗，好好地享受巴厘岛的酷热吧！

14. 很容易买到大麻，千万别碰？

巴厘岛的某些街上、夜店区（尤其是库塔、雷根一带）常可以遇见沿路兜售大麻的贩子，还会直接用游客的母语推销以烟草充数的假货，付钱后，小贩就一溜烟地不见人影，假大麻退货无门；而且，当地警察有时也会假扮成大麻小贩，在你购买或吸食的当下直接逮捕你。印度尼西亚对持有毒品的相关刑罚非常严厉，最高可至无期徒刑、死刑，观光客被逮捕也时有所闻，为了你这趟旅行甚至是下半辈子的人生旅程着想，千万别碰这些东西！

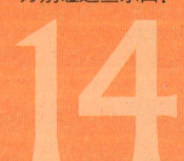

15. 街上的"名牌货"可当真吗？

库塔等闹区的街头，很容易看到价格低廉的名牌POLO衫、手表、牛仔裤、太阳眼镜甚至是香水，让人非常心动。但须提醒的是，在你大肆采购之前，最好多花点时间观察、比较，因为根据经验判断，真品绝对是不会这么便宜的。

看地图认识巴厘岛

跟着地理方位，快速认识精华旅游区

巴厘岛依照行政区域划分共9个区域(Regency)，包括布列连(Buleleng)、卡蓝卡森(Karangasen)、珍巴那(Jembrana)、巴东(Badung)、克龙宫(Klungkung)、塔巴南(Tabanan)、吉安雅(Gianyar)以及邦利(Bangli)，另外再加上一个登巴沙(Denpasar)特别区，这些区域的划分，大致上是依照巴厘岛几个古代王国的疆域与名称来制定。为了方便读者了解，本书将依照地理方位"南部、中部与中部山区、东部及东北部、中西部、北部、西北部"，结合较为人熟知、欢迎的城市（请对应本书第5章），来说明巴厘岛各区块的重点特色。

巴厘岛分区介绍

1 南部

这是聚集到巴厘岛旅行的最多游客的地方，包括了库塔、雷根、塞米亚克、克罗柏坎、金巴兰、乌鲁瓦图、努沙度瓦、丹戎白努亚、登巴沙、沙努等几个大城市，除了登巴沙及沙努以外，其他都属于巴东行政区。此区块拥有巴厘岛密度最密集的街道、商店、餐厅与旅馆，境内的海滩，如库塔海滩、金巴兰海滩、沙努海滩、努沙度瓦海滩等，也都是巴厘岛最负盛名的海滩。

2 中部与中部山区

因为电影《享受吧！一个人的旅行》而再度被炒热的乌布，就如电影中叙述的一样，是以艺术文化闻名的小镇，空气中充满灵气，位于这里的美术馆及博物馆也拥有巴厘岛最丰富的艺术收藏。

较北部的山区有十分知名的布拉坦湖风景区，印度尼西亚面额5万元钞票上印着的那座湖水女神庙就位于此区，被联合国列入世界文化遗产保护的速坝客灌溉系统，传承千年历史也十分值得一看。

较靠近东边的巴度尔火山，目前仍不定时会喷发，这非但没吓跑观光客，其不时冒出的黑烟，反倒让游客络绎不绝，争相前往参观。金塔马尼是最佳的观火山景点，火山附近的巴度尔湖也是一大胜景，诗情画意，宛如与世隔绝，是攀登巴度尔火山时最佳的住宿区。

③ 东部及东北部

东部与东北部，在历史上曾出现两个有名的王国：克龙宫王国与卡蓝卡森王国，过往的痕迹存留至今，使得这一大区块的生活形态与巴厘岛南部区域迥异，也因为是非第一线都会开发区，东部及东北部保留了十分可贵的自然

资源，在沿海公路上，你还会被巴厘岛最高峰阿贡火山的雄伟所震撼；阿美、土狼奔、泉帝塔萨等村落四周的水域也很美，是世界潜水爱好者趋之若鹜的知名潜水点。

④ 中西部

中西部最众所周知的，就是大名鼎鼎的海神庙，它位于塔巴南地区，是巴厘岛游客到访最多的景点之一。以种植稻米为大宗产业的塔巴南地区，自古以来米粮生产丰饶，人民生活安康，至今仍保有巴厘岛传统农家的生活习俗。除了海神庙之外，塔巴南还有阿韵花园神庙及神圣巴度考神庙，都是泛着斑斑历史的知名历史遗迹；此外还有嘉帝路维绵延数公里的梯田，宛若千军万马卷"草"而来，又似波涛汹涌的绿色大海，绝对必看！

⑤ 北部

巴厘岛北部，过去曾是布列连王国的领土，因殖民等因素，王室西化很深，因此早期在此区域拥有许多新颖的建筑，其最大城市新葛拉加原是巴厘岛对外联系的最大港口，也是殖民时期巴厘岛最繁华热闹的不夜城，如今虽然荣景不再，但却因为发展成为巴厘岛最重要的大学城，变得更有生命潜力；附近的罗威那是北部知名的度假胜地，以在其清透水域潜水与在日出时分观赏海豚而闻名。

⑥ 西北部

对于观光客来说，此区是最偏远、最耗时间才能抵达的地区，但却绝对有其价值！此区拥有巴厘岛最珍贵的国家公园保护区，分为森林、海洋两部分，将巴厘岛最稀奇诱人的自然景象一次囊括。周边海湾里的鹿岛由于火山作用，海底地形高低落差大，生物也因演变得十分多样，丰富的水下世界让这里成为世界知名的潜水点。西北角的吉利马努克和对岸的爪哇岛仅隔着3公里的海峡，渡轮往来频繁，是巴厘岛和爪哇间除了飞机外最受欢迎的交通工具。

吃在巴厘岛

如画布一般充满创意的美馔

以香料之岛闻名于世的印度尼西亚，食物口味自然脱离不了各式香料，而随着各地不同的运用方式，同一种香料也产生不同风味，让印度尼西亚饮食文化仿佛是个大调色盘，任由人们挥洒着与众不同的混搭色彩。巴厘岛承袭了这种饮食文化，又因其宗教信仰异于印度尼西亚其他地区，所以猪肉被广泛运用在食物当中，再加上受当地华人饮食习惯影响，就形成了今日我们所看到的巴厘岛料理。还有许多在巴厘岛常住的各国移民，他们带来了各国精致的美食，从法国料理、印度咖喱、意大利Pasta（通心粉等面食）到日本生鱼片，你可以在此享受到物美价廉的高级餐饮服务。

1.印度尼西亚风味餐

和我们拥有川菜、粤菜、上海菜一样，印度尼西亚全国也有属于各地热门或是偏好的美食和口味，如巴东菜、苏拉维西菜等。虽然我们可能不太熟悉这些菜系，有的菜却是三天两头在巴厘岛的餐厅或小吃摊看到，不妨放开心胸，多多尝试这些带有浓浓民族风的特色料理吧！

❊ 巴东菜 Masakan Padang

巴东是位于印度尼西亚苏门答腊的城市，而巴东菜则是源于巴东地区米南加保族（Minangkabau）的特色菜，采用大量咖喱、椰奶、胡椒及各式香料来烹调食物，口味很重，许多米南加保族人到外地所开设的餐馆，都卖着这种拥有浓厚家乡味的巴东菜。点餐方式须在店门口跟老板指着你要吃的餐点，接着老板会把一道道菜装在小碟里端到桌上，随后再附上白饭，由于每道菜都是国民价格，因此点个满满一桌其实稀松平常，像是满汉全席一样丰

哪里吃
人潮较多的街上约80%的餐厅都有，招牌上有标Masakan Padang（巴东美食）的即是 🅟平均约Rp.50 000

❊ 沙嗲·沙嗲莉莉 Sate · Sate Lilit

沙嗲是一种源自于马来西亚的串烧，通常是肉类加上姜黄等香料腌渍，然后以竹签穿成肉串后，经炭火烧烤而成的美食。这样的饮食文化传遍了整个马来半岛、印度尼西亚与中南半岛甚至菲律宾等地，各地都有其习惯使用的肉品及烹调方式。虽然沙嗲所使用的肉包山包海，但大多是以牛肉、鸡肉、羊肉为食材，即使主吃猪肉的巴厘岛人也很少用猪肉来料理。经过炭火烹调过后的沙嗲，特别好吃的秘诀在于蘸上花生酱，香味浓郁迷人。

巴厘岛还有种叫沙嗲莉莉的当地特有沙嗲，通常以剁碎的鱼肉或鸡肉拌入数十种磨碎的巴厘岛香料，然后裹在一支支的香茅草上，再以炉火烘烤。烤的时候，受热的香料与肉的味道结合，再混合香茅草的清香一阵阵散发出来，让巴厘岛的沙嗲风味更独具一格，吃的时候不蘸酱，直接入口就可尝到食物与香料的美味。

哪里吃
一般沙嗲路边摊即可见、沙嗲莉莉可至马爹小吃店（详见P.019）品尝
🅟一般沙嗲约Rp.2000/串、沙嗲莉莉1份套餐约Rp.35 000～Rp.50 000

Chapter1 认识巴厘岛篇

❋ 印度尼西亚炒饭·炒面 Nasi Goreng • Mie Goreng

若要说这两道菜的渊源来自于当地华人，我个人觉得也无可厚非，毕竟这种"炒"的功夫，相对少在印度尼西亚的文化里看到。不过，印度尼西亚人把这炒饭、炒面加了许多当地产的甜酱油、油葱酥，通常还会搭配荷包蛋、一点腌渍的泡菜、生菜及印尼虾饼，有的还会配上两支沙嗲或雕花番茄摆饰，以增加饮食乐趣，色、香、味俱全，完全跳脱我们熟知的炒饭、炒面印象，成为具有印度尼西亚文化风格的美食。许多印度尼西亚菜餐厅都提供这两道美食，不过路边摊价格会比较实惠。

哪里吃 马爹小吃店（详见P.019）或任何有卖印尼菜的餐厅、路边摊　各店价格不一，约Rp.10 000～Rp.50 000不等

❋ 鸡肉汤面 Soto Ayam

传统印度尼西亚小吃，由姜黄、沙姜等香料所熬出的香浓鸡汤，加上鸡肉、细粉，上头再放印度尼西亚年糕(Lontong)、红葱头、水煮蛋，虽是汤面，但通常还会附上一盘白米饭，让客人搭配一起吃。当地大部分路边小吃摊都可以看到打着"Soto Ayam"字样，是很平价的大众美食。每次都把它当汤面吃的我，总是觉得一碗根本不够，因为当地人可都是拿那碗汤来配饭当正餐吃的。

哪里吃 马爹小吃店（详见P.019）或路边摊　各店价格不一，约Rp.10 000～Rp.50 000

❋ 烫青菜沙拉 Gado Gado

很多人称为"加多加多"的料理，其实就是烫青菜沙拉，是道非常受欢迎的印度尼西亚菜。由多种蔬菜与食材混合而成，材料包括烫过的高丽菜、空心菜、豆芽菜、茄子、长豆、菠菜、苦瓜、玉米，另外再加上炸豆饼、豆腐、水煮蛋及水煮马铃薯，再佐以花生酱或辣椒酱，搭配酥脆虾饼一起吃，口感与滋味都非常丰富，所以许多摊子或餐厅也会把它直接当成一道菜来卖，加上盘白饭，就是一套正餐。

哪里吃 马爹小吃店（详见P.019）或路边摊、专卖印度尼西亚食物的餐厅　约Rp.50 000

❋ 美娜多牛尾汤 Sop Buntut

来自印度尼西亚苏拉维西地区美娜多风味的食物，加入多种香辛料，口味较重、非常下饭，浓郁的汤底闻起来非常动人，还有带着丰富胶质、弹性的牛尾肉块可让你大快朵颐。烫青菜街巴库小吃店的牛尾汤在巴厘岛相当有名，价格约Rp.20 000～Rp.30 000，通常会附上白饭，再点道青菜就是完美的一餐了。

哪里吃 巴库小吃店 Warung Baku Dapa　MAP▶P126.B3　址No.11, Jl. Gado Gado, Seminyak　电(0361)731-149　时24小时

Tip 不可错过的库塔名店"马爹小吃店"Made's Warung

开设于1969年的小店，现在俨然是一家颇具规模的餐厅，卖着符合各国人士口味的餐点，店里的旧照片则带你回味那些背包客最怀念的昔日风情。除了当地菜色，这里也供应炒饭、炒面、西式汉堡简餐、意大利面，甚至还有日式小火锅，菜单非常广泛丰富。想体验当地风味，建议尝尝由巴厘岛菜有组合而成的"菜饭特餐"(Nasi Campur)，内容每天都会更换，很具特色。除了本店外，在塞米亚克区也有分店。

MAP▶P123.B3　址Jl. Pandai Kuta, Br. Pande Mas, Kuta, Badung　电(0361)755297　时08:30-24:00　网http://www.madeswarung.com

2. 当地特色菜

巴厘岛的饮食模式有别于印度尼西亚其他地区，造就了许多当地特有的美食，比方说那特殊口味的海鲜烧烤方式及吸引无数饕客的烤猪技术，都是非吃不可的美味。幸运的是，这些平民美食就像我们日常生活的路边摊文化一样，很容易在旅程中出现，千万别错过大快朵颐的好机会。

❈ 金巴兰碳烤海鲜 Ikan Bakar Jimbaran

Ikan Bakar是烤鱼的意思，以金巴兰海滩店家最多也最知名，这种以巴厘岛传统香料调味，并采用椰子壳当燃料烤出来的鱼类、海鲜，不仅鲜嫩多汁，还带有一股浓浓的椰香，更能充分感受到巴厘岛人把椰子利用到极致的功夫。

哪里吃
里雅咖啡 Lia Café　MAP▶P130.B2　址Jl. Pemelisan Agung, Jimbaran, Badung　电08123907411、08123981408　时11:00-23:00　费随季节有所变化，参考价格为超大螃蟹Rp.120 000/公斤、活龙虾Rp.450 000、新鲜龙虾Rp.300 000/公斤、大虾Rp.180 000/公斤、一般虾Rp.140 000/公斤、鱼类及墨鱼约Rp.70 000/公斤、大蛤蜊Rp.40 000/公斤

❈ 巴厘岛王室套餐 Balinese Rijsttafel

这种餐点形式源自荷兰殖民时期，为住在大屋子的荷兰统治者之用餐习惯，宛如清朝慈禧太后用餐总要在桌上摆上数百道不同菜色一样，当时的荷兰统治者也喜欢眼前满满一桌融合巴厘岛各地特色的美味佳肴，每道菜分量都不多，却可让你一次吃到不同精神、各式各样的巴厘岛菜。现在餐厅里贩售的是改良版套餐，菜色较少，真正的王室套餐至少有15道菜色。

哪里吃
香料巴厘餐厅 Bumbu Bali Restaurant　MAP▶P128.B2　址Jl. Pratama, Tanjung Benoa, Nusa Dua　电(0361)774502、772299　时11:00~23:00　网http://www.balifoods.com/bumbu　费2人份约Rp.490 000

❈ 香料蒸鸭 Bebek Betutu

新鲜的全鸭用香茅草等数十种不同的香料填充其身体内部，再以更多的香料腌渍后，裹上香蕉叶焖烤；传统上，村子里的妈妈们是用类似我们炕窑的方式，将裹着香蕉叶的鸭子放进温度烧得很高的土坑里，焖至6小时即完成。这道菜最酷的部分是打开香蕉叶时，香料混合着鸭肉的香气一个劲地冲出，香浓的气味搭上软嫩到骨肉分离的鸭肉，滋味最是诱人。

哪里吃
脏鸭子餐厅 Bebek Bengil　MAP▶P138.B3　址Jl. Hanoman, Padang Tegal, Ubud, Gianyar　电(0361)975489　时10:00-23:00　网http://bebekbengil.com　费约Rp.300 000　注须于24小时前预订

Chapter 1 认识巴厘岛篇

❋ 脏鸭饭 Bebek Goreng（英文：Crispy Duck）

这道菜原名其实是"油炸鸭饭"，因为发迹的餐厅叫"脏鸭子"，连带让餐厅里这道与鸭相关的餐点因此有名了起来，索性店家与游客都把它叫做脏鸭饭、脏鸭餐。油炸鸭饭不是很稀奇的料理，制作门槛也不高，就是把半只鸭子丢入油锅炸到酥脆，搭配上白米饭，以及巴厘岛传统香料制成的佐料即成，但是那些香料与特制辣椒特别下饭、特别好吃，整体搭配起来一直都是店内最受欢迎的菜色。千万记得"脏鸭子"只此一家、别无分号。

哪里吃
脏鸭子餐厅（详见P.020） 费 约Rp.72 000

❋ 烤猪饭 Guling

有些人将巴厘岛的烤猪称为烤乳猪，但其实巴厘岛烤猪饭用的猪并不像广式烤乳猪那么baby（小型），其特色是皮韧肉也韧，吃的人没有强健的牙齿是不行的！将塞满香料的整只猪架在炭火上，一边烤，一边涂上酱汁，完成后加上米饭与配料，就成为巴厘岛最受欢迎的国民餐点之一。我最爱那迷人的酱汁，可以让人一连吃下好几碗饭。

哪里吃
马连先生烤猪饭 Babi Guling Pak Maleng MAP▶P123.B1 址No.5, Jl. Sunset Road, Seminyak, Kuta, Badung 电(0361)7452968 时09:00-16:00 费每份Rp.20 000
多比尔烤猪饭 Dobile Babi Guling MAP▶P128.B3 址No. 9, Jl. Srikandi, Nusa Dua, Badung 电(0361) 771633 时09:00-16:00 费每份约Rp.25 000（据说卖给外国人的价格比较贵）
欧卡妈妈烤猪饭 Babi Guling Ibu Oka MAP▶P138.B1 址Jl. Suweta（乌布王宫对面）、总店No.2, Jl. Tegal Sari, Ubud, Gianyar 电(0361)976345 费 Rp.30 000

❋ 黄姜米饭 Nasi Kuning

黄姜米饭是巴厘岛庆典祭拜仪式上面不可缺少的贡品之一，使用巴厘岛特产的长米，加上姜黄研磨成的汁液、鸡高汤、香料及椰奶一同蒸煮而成，因为要献给祖先或神明，所以做好的米饭通常会塑成尖塔状，表示敬意。许多巴厘岛菜餐厅为了显现当地文化特色，通常会把这尖塔造型的黄姜米饭与其他食物搭配成套餐提供，鲜少单独贩售。

哪里吃
路上任何以印度尼西亚菜、巴厘岛菜为主的餐厅。

3.街头小吃

巴厘岛的街头小吃就像我们的路边摊一样,时时为当地人补给营养,这种随处可见的饮食方式可是咱们亚洲的特产。不过当地路边摊虽然美味,卫生条件倒是要特别注意,如果你对店家料理的方式有疑虑,最好的方式就是不要吃,毕竟在旅行当中闹肚子可不是一件赏心悦目的事情。

❈ 肉丸汤 Sop Bakso

巴厘岛大街小巷都可看到的美食,样子像广东的公仔面。由老板现切的鸡蛋面或粉丝加上些许高丽菜丝,淋上汤汁,加入牛肉或鱼肉做成的肉丸子,再撒点芹菜、香菜及油葱酥,就是碗好吃的肉丸汤。卖肉丸汤的老板通常拉着推车,以敲打瓷碗的方式在街上叫卖,据说这是美国总统奥巴马童年住在印度尼西亚期间难以忘怀的美食。

哪里吃
路边叫卖、传统市集　费 Rp.6 000～Rp.10 000

❈ 葱油饼 Martabak

巴厘岛式的葱油饼,是在加了葱花、带有淡淡香气的薄薄面皮上打上一个鸡蛋,再放到油锅里,用油泼的方式将面皮炸到鲜艳的金黄色,光是视觉就引人口水直流,更甭说葱花、鸡蛋、面皮三者搭配起来的口味十分相衬,常被当地上班族用来当成早餐、午餐或午后点心,价格便宜又能填饱肚子。

哪里吃
村落聚集的小吃集中地、传统市场　费 Rp.20 000～Rp.50 000

❈ 月光煎饼 Kue Terang Bulan

这是广东、海南、福建等地街头常会看到的面粉煎(麦仔煎)华丽版,也是巴厘岛的夜市里经常可以看到的小吃。面粉煎上撒砂糖、炼乳,随后再铺上香蕉切片,经过加热后的香气不禁让人赞叹,另有起司、草莓等口味可选择,不过,煎饼内究竟有多少糖或色素就不得而知了。

哪里吃
傍晚时的路边、村落聚集的小吃集中地、传统市场、夜市
费 Rp.6 000～Rp.7 000

❈ 什么都炸 Gorengan

类似咱们喜欢在路边买的咸酥鸡般的休闲零嘴,把香蕉、各种蔬菜裹上没有调味的面粉,丢到油锅里炸到金黄后捞起,就是所谓的Gorengan,吃的时候不流行蘸酱或酱油,老板会附给你一把绿色辣椒,让你一口炸蔬菜配一口辣椒吃,是当地上班族非常喜爱的午后小点心,不妨买一份来尝尝!

哪里吃
村落聚集的小吃集中地、人群聚集的传统市场　费 依购买量而定,约 Rp.5 000～Rp.10 000/袋

❈ 烤玉米 Jagung

在巴厘岛,只要是人群或观光客聚集的地方,都可以看见烤玉米摊子的踪迹,原本黄金色泽的玉米,经过一番炭火烧烤后冒出浓浓玉米香,再涂上奶油或老板特调的风味酱汁后,香气强力扑鼻,非常诱人,跟中国常见的烤玉米做法、外观差不多,但在口味上则因为使用的酱汁不同而有差异。

哪里吃
海边、观光景点、传统市场　费 Rp. 3 000～Rp. 5 000(观光区较贵)

Chapter 1 认识巴厘岛篇

4.甜品、饮料

巴厘岛人嗜甜,所以各类甜品都做得非常甜,各种冰品、甜食任你选择,对于甜食同好者可说是天堂,若喜欢健康饮食可浅尝辄止。而这些食物的颜色通常五颜六色,让人目不暇给,至于是否加入人工色素,就留待读者自己探讨了。在饮料方面,巴厘岛盛产的星星啤酒与哈登葡萄酒是当地人引以为傲的本地制品,建议可顺道买来尝尝。

❈ 紫米布丁 Bubuh Injin

采用当地所产的黑米、圆糯米,加入一种叫做Don Pandan的班兰叶下锅熬煮,再掺入少许的盐及棕榈糖,最后拌上椰奶,煮到呈凝固状即可食用。刚煮出来热腾腾的黑糯米布丁口感超赞,冰了之后也很好吃,大多餐厅都有贩售,极力推荐尝试看看。

哪里吃
巴厘金巴咖啡餐厅 或 大部分卖印度尼西亚菜、巴厘岛菜的餐厅
巴厘金巴咖啡餐厅 Café Batujimbar MAP▶P136.B2 址 No.75A, Jl. Danau Tamblingan ,Sanur, Denpasar ☎ (0361)287374
🌐 http://www.cafebatujimbar.com 费 Rp.20 000

❈ 新鲜椰子水 Kelapa Muda

东南亚盛产椰子,几乎到处都可以见到,深信椰子降火的我们,通常喜欢在旅游东南亚时来一个新鲜的现剖椰子,清凉降火,好不畅快。许多路边的商店都有在卖新鲜、现剖的椰子。我个人有一种私房的吃法,是在喝完椰子水后把椰壳剖开,用汤匙挖里面的椰肉蘸上酱油与芥末一起吃,那吃法比上等的生鱼片滋味还棒!

哪里吃
杂货店、观光区 费 Rp.5 000~Rp.8 000

❈ 哈登葡萄酒 Hatten Wines

当地葡萄酒品牌,引进澳洲、欧美等国的酿酒与栽种葡萄技术,在巴厘岛北部栽种、酿造、生产,品质获得许多国际比赛肯定,可至旗下酒窖展示中心试饮、购买。

哪里吃
哈登葡萄酒 MAP▶P123.C3 址 No.3, The Cellardoor, Komplex Pertokoan Dewa Ruci, By-pass Ngurah Rai, Kuta ☎ 0361-767522
🌐 http://www.hattenwines.com

❈ 巴厘岛刨冰 ES

中国有刨冰店,巴厘岛则有冰果摊,就是在市场或是夜市贩卖冰品的摊子。吃法跟中国的刨冰差不多,顾客挑好当地特产的水果、植物、米制品及果冻等配料后,由店家加上刨冰,淋上糖水、炼乳或椰子奶即成,口味颇具南洋风情。但因制冰过程卫生品质令人担心,我个人不敢尝试。

哪里吃
路边、传统市场、夜市 费 Rp.5 000~Rp.7 000、椰子冰(只有椰子、糖水)Rp.1 500~2 000

❈ 星星啤酒 Bintang beer

星星啤酒是印度尼西亚非常畅销、知名的啤酒,喝起来口味偏淡,广受各年龄层的喜爱,在以观光业为主的巴厘岛,星星啤酒的销售成绩一直都胜过其他印度尼西亚国内品牌。大部分商店、餐厅都可以买到,不过一般餐厅、酒吧价格会稍微贵一些,到杂货店、超市购买会比较划算,不妨一次买几瓶摆在冰箱,在度假期间随时可以享用。

哪里吃
超市、杂货店、餐厅 费 最便宜的小瓶装Rp.15 000、大瓶装Rp.25 000

酒 后 不 开 车 , 安 全 有 保 障

5.异国料理

若吃腻了当地料理想换换口味,不妨试试种类丰富的异国料理。旅居巴厘岛的外国人带来了家乡的口味,开设多家品质很不错的餐厅,把法国、德国、希腊、土耳其、印度、日本的菜色端上餐桌,提供千变万化的饮食选择。这些异国料理多使用当地食材烹煮,少了昂贵的进口关税,价格也亲民不少,例如高级法式全餐约北京、上海的7~8折,还有随桌的专业服务人员,绝对是想奢侈一下的好选择。

❀ 法国菜

无论是法国家常菜或精致的法国料理,在巴厘岛都很受欢迎。法国家常菜餐厅的用餐气氛较为轻松,价格也务实一些;而精致的法国料理则是注重服务、气氛,以及各种食物与美酒的搭配,一丝一毫都不马虎,各有所长。菜色方面,鹅肝(Foie Gras)、卡酥雷乡村炖菜(Cassoulet)、奶油焗田螺(Escargots)都是令人难以忘怀的美味,在一些轻松的法式小酒馆里,可以用比国内还便宜的价格轻松尝到地道的法式美食。

哪里吃

費 前菜约Rp.70,000、主菜约Rp.150 000
Sip法式小酒馆餐厅 Sip Wine Bar MAP▶P126.C3 址 No.16A, Jl. Raya Seminyak, Badung 電 (0361)730810、732513 时 午餐12:00-17:00、晚餐17:30-最后点餐22:30 网 http://www.sip-bali.com
美提斯 (详见P.127)

❀ 意大利菜

巴厘岛不缺意大利餐厅,你可以挑选灯光好、气氛佳的,也可以挑选平民大众化的,品质都很不错。想吃地道的现做比萨,一些大众化的意大利餐厅都有比萨烤炉,你可以看见厨师在面前擀着面皮、铺上起司等馅料,然后再送进热烘烘的炭火烤炉中烘烤,香喷喷又美味可口的比萨接着就出炉送到你面前了。另外还有种类似平价自助餐形式的意大利餐厅,但不用自己装盘,顾客直接跟柜台服务人员点餐,他们当场盛盘送到你桌上,好处是可以一次吃到多种菜色。

哪里吃

意大利小吃店 **Warung Italia** MAP▶P126.C3 址 No.2, Jl. Kunti, Seminyak, Badung 電 (0361)737437 时 08:00-24:00 費 意大利面食约Rp.35 000~Rp.50 000、现烤比萨Rp.75 000

❀ 日本菜

巴厘岛鲔鱼渔获量颇丰,不来盘新鲜的鲔鱼生鱼片实在说不过去,还有龙虾、章鱼等也是巴厘岛日本餐厅常见又受欢迎的海鲜。另外嫩煎鲔鱼排也是相当推荐的美味,厨师将一块大鲔鱼块轻轻翻动,让各面均匀煎几秒钟,切片后撒上青葱、洋葱、芝麻,再淋上日本酱汁,就是一道味道甘美、香滑柔嫩的嫩煎鲔鱼排。

另外,巴厘岛本身也是海草出口的重要地区,记得趁鲜尝尝生鱼片旁边那些装饰的海草。

哪里吃

蓝鲔 **Blue Fin** MAP▶P123.B4 址 No.16, Jl.Complex Kuta Side Walk, Kuta, Badung(在Jl. Kartika Plaza上、库塔艺术市场对面)電 (0361)764100 时 11:00-01:00
費 生鱼片握寿司Rp.20 000起/份

Chapter 1 认识巴厘岛篇

✳ 比利时菜

比利时菜中最不可错过的就是他们的平民美食"鸡肉起司派饼"（Chicken Vol au Vent），就像中国的番茄炒蛋一样，是道每家妈妈都有独门料理方法的家常菜。常见做法是先把派饼盒烤得又香、又酥、又脆，然后在中间填充入起司、鸡肉、鲜奶油、蘑菇等材料熬煮成的浓稠馅料，食用时一口浓郁的汤汁、一口酥脆的派皮，口感相当饱满。

【哪里吃】
尿尿小童爵士音乐餐厅 Manneke Pis Jazz Bistro MAP▶P126.C3
址 No.2, Jl. Raya Seminyak, Badung 电 (0361)8475784 时 11:00-01:00 网 http://www.mannekepis-bistro.com 费 主菜约 Rp.58 000~Rp.100 000

✳ 德国菜

德国美食以猪肉、香肠制品闻名，在巴厘岛也不难吃到，许多德国餐厅还提供德国各地不同口味的香肠，搭配充满迷人香气的酸菜更是美味。每年的10月德国啤酒节，这些德国餐厅也会举办有趣的啤酒节活动，让顾客可以大啖大块猪脚，加上一口接一口的啤酒，爽快豪迈一整天。

【哪里吃】
费 含饮料约 Rp.100,000/人
阿瑞那运动酒吧 Arena Pub &Sports MAP▶P136.A1 址 No.115, Jl. Ngurah Rai Bypass, Sanur, Denpasar（麦当劳旁边）电 (0361)287255 网 http://www.arenabali.com
妈妈的德国餐厅 Mama's German Restaurant MAP▶P123.B3 址 Jl. Legian, La'Walon Center, Kuta, Badung 电 (0361)761151 网 http://www.bali-mamas.com 时 24小时

✳ 中国菜

巴厘岛的中国料理以粤菜最有名，包括海鲜料理与港式点心两大类。粤菜里喜欢用生猛现捞海鲜，巴厘岛四面环海，鱼虾贝类样样齐全，一些餐馆还设置水族箱养着活跳跳的海产，让顾客拥有多样化的生鲜选择；港式点心则特别受西方游客喜爱，从虾饺、鱼翅饺、叉烧包、凤爪，到脆脆的广州炒面或海鲜酸辣汤，这些我们习惯的港式口味都可以在巴厘岛的港式餐厅里吃到，另外别忘了试试港式餐饮里特有的粥、粉、面。

【哪里吃】
艾玛港式饮茶餐厅 Ema MAP▶P123.C3 址 Jl. Bypass, 2F, Kuta, Badung（DFS Galleria内）电 (0361)761965、761966 网 http://www.emarestaurant.com 时 10:00-22:00 费 港式点心约 Rp.13,000起
飞龙海鲜火锅超级渔港 Feyloon MAP▶P123.B4 址 No.98, Jl. Raya Kuta, Kuta, Badung 电 (0361)766308 网 http://www.feyloonrestaurant.com 时 10:00-23:00 费 港式点心 Rp.20 000起

✳ 摩洛哥菜

阿拉伯世界的美食对我们来说也许有些陌生，不过摩洛哥菜在巴厘岛却很受欢迎，不管是用香料、干果制作出来的库司、以塔吉锅焖煮的羊肉或蔬菜，或是独特的阿拉伯式面包等，样样都是让人垂涎三尺的好滋味。此外，餐厅里的北非风情摆设，搭配特定日子的肚皮舞表演，总能吸引许多观光客。

【哪里吃】
卡伊马摩洛哥餐厅 Khaima Moroccan Restaurant MAP▶P126.B2
址 Jl. Oberoi, Kerobokan, Badung 电 (0361)7423925 网 http://www.khaimabali.com 时 晚餐19:00起 费 主菜约 Rp.47 000~Rp.59 000

玩在巴厘岛
动静皆宜的多元度假天堂

在伊斯兰教盛行、民风较为保守的印度尼西亚,巴厘岛可说是包容性最大的地区,这样的包容性也展现在文化、艺术、宗教、人文等各方面,在这开放风气的影响下,巴厘岛不仅保有传统生活风貌,另一方面更拥有以政府为后盾的强大观光实力及资源,加上大量外资进入,所以吸引不少世界各国人士长期旅居于此,也间接带入其母国的文化精髓,让巴厘岛呈现更多元丰富的面貌!

1.体验传统文化

巴厘岛最为人所称道的就是当地独特且丰富的文化风貌,举凡艺术、耕作、祭祀、穿着打扮与日常作息等,无一不与印度教信仰有关,如此与宗教密切结合的生活,每天在岛上各个角落呈现,只要您走近,就会发现更多元、更有趣的巴厘岛。

图片提供/Bali Safari

欣赏传统舞蹈表演 Traditional Dances

巴厘岛传统舞蹈的背景都来自于印度教史诗,蕴涵极丰富的宗教文化与神话故事性,加上巴厘岛人天生喜欢天马行空的浪漫想象,这些元素综合形成现今我们所看到的传统舞蹈表演。表演形式以传统甘美兰乐团(Gamelan)衬底,接着说书人借由旁白方式重点讲解故事的开端源由,再由舞者以肢体动作展现,融合成戏剧演出。

图片提供/Vasenka

哪里玩
乌鲁瓦图神庙(详见P.133)每天黄昏约18:00有克差舞(Kecak,又称猴舞),乌布王宫(详见P.137)广场每天19:30亦有不同剧码的表演,门票皆为Rp.80 000(现场直接购票,不须预订)

Chapter1 认识巴厘岛篇

❋ 参访神庙 Temples

以印度教信仰为主的巴厘岛，继承了古代满者帕夷王朝的印度教文化，因此印度教神庙在当地有着坚定不可动摇的力量。岛上总共有9座重要的指示庙，被视为所有庙宇的标杆及根源，其中最被一般大众熟知的有乌鲁瓦图悬崖边的乌鲁瓦图神庙、建于海上的海神庙、布拉坦湖的湖水女神庙、巴度尔火山的巴度尔神庙，以及位于阿贡火山山麓、由数百座神庙组成的贝沙奇母庙等，其中湖水女神庙和巴度尔神庙，都是祭祀湖水女神戴维达努(Dewi Danu)的重要神庙。另外，孟威王国的阿韵花园神庙因其建于水上的特别设计，游客络绎不绝，你自然不可错过。

哪里玩
贝沙奇母庙（详见P.148）、阿韵花园神庙（详见P.146）、乌鲁瓦图神庙（详见P.133）、湖水女神庙（详见P.145）、巴度尔神庙（详见P.143）、海神庙（详见P.147）

❋ 参观博物馆・美术馆

一直以来，巴厘岛独特的文化与艺术吸引无数游人流连忘返，而位于登巴沙、号称全岛最丰富、最大的巴厘省立博物馆更是不可错过的文化宝库。博物馆初建于1910年，经过震毁与重建，到1932年正式成立，馆内收藏大量巴厘岛相关文物，是岛上最具规模的官方博物馆。此外，乌布也有多处美术馆值得参观，包括知名绘画收藏家阿贡赖(Agung Rai)的私人艺廊"ARMA美术馆"，乌布地区收藏作品最多、规模最大的内卡美术馆，以及收藏巴厘岛不同画派艺术作品的艺术宫等，可欣赏到许多巴厘岛重要画作与艺术品。样样堪称传世之宝，足以道出巴厘岛现代美术的历史传承及演进脉络。

哪里玩
ARMA美术馆 Agung Rai Museum Of Art MAP▶P138.C4 址 JJl. Pengosekan, Ubud, Gianyar 电 (0361)976659 时 09:00-18:00 网 http://www.armabali.com/museum 费 门票Rp.25 000/人 内卡美术馆 Museum Neka MAP▶P138.A1 址 Raya Campuhan St., Kedewatan Village, Ubud, Gianyar 电 (0361)975074 时 周一~周六09:00-17:00，周日 12:00-17:00；国定假日休馆 网 http://www.museumneka.com 艺术宫美术馆 Museum Puri Lukisan MAP▶P138.B1 址 JJl. Raya Ubud, Ubud, Gianyar 电 (0361)975136 时 08:00-16:00 网 http://www.museumpurilukisan.com 费 门票大人Rp.10 000/人，15 岁以下小孩免费 巴厘省立博物馆 Museum Negeri Propinsi Bali MAP▶P134.C2 址 Jl. Kapten Mudita Dauhpuri, Denpasar 电 (0361)222680 时 周日~周四08:00-15:30，周五08:00-12:30；周一、国定假日休馆 费 大人Rp.5 000、小孩Rp.2 500

❋ 参加欧哥欧哥游行

每年宁静日前1天,是进行全岛性的欧哥欧哥(Ogoh Ogoh)游行及大净化祭典的时间。旅客最好提前三四天来,先参观各村落的欧哥欧哥工程,参与的村民都尽情发挥天马行空的想象力,设法将心中的恶魔形象具体呈现,让人啧啧称奇。欧哥欧哥典礼当天,游客也可以一同参加当地村落的游行,可看到许多平常看不到的习俗;庆典次日就窝在旅馆里,跟着岛上人民一起进行宁静日大冥想,趁此机会沉淀省思。宁静日由巴厘岛的2种古代历法相互推算而定,2014年的宁静日是3月31日,也就是3月30日会举行欧哥欧哥游行。

❋ 逛传统市场

传统市场能让人快速了解当地饮食概念及生活习惯,巴厘岛每个城镇大多都拥有自己的传统市场,可以在里头看到当令盛产的蔬果或鱼虾肉类,还可以看到祭拜用的供品、花卉等习俗道具,而且,许多妈妈喜欢穿着传统服装去买菜,买好的物品还会顶在头上,这些有趣的景象都只在市场才看得见,想让你的旅程和别人大不相同,请别错过!

哪里玩
全岛各村落均可见。

哪里玩
登巴沙巴东市场(详见P.135)、乌布市场(详见P.047)

❋ 体验民宿农村生活

直接住在巴厘岛人的家里,你可以听主人讲述家族故事、地方发展变迁,或在日出时分走在村落的田埂中央,认识巴厘岛人如何珍惜稻米及水资源,并观察其家庭生活的种种细节。塔巴南的民宿计划还包括附近村落健行、境内名胜参访等活动,还可以穿上传统服装,到村里的庙宇参与盛大的祭祀典礼,绝对是旅行当中的宝贵经验。

哪里玩
巴厘岛民宿计划(详见P.056)

Chapter 1 认识巴厘岛篇

❋ 学做巴厘岛料理

巴厘岛人善于运用香料创造出让人神魂颠倒的美食，因此，"到烹饪教室的体验课程学习做菜"就成为广受观光客欢迎的活动。课程通常从早晨的传统市场开始，跟着厨师认识、选购巴厘岛的独特食材，之后回到教室进行处理食材、下锅烹调等动作，并在菜肴完成后一起享用成果。课程全以英语进行，跟不同年龄层、从四面八方而来的同学一起上课讨论，相当有趣。

哪里玩

巴厘纯粹餐厅 **Bali Asli Restaurant** MAP▶P148.B2 址 Jl. Raya Gelumpang, Gelumpang village, Amlapura, Karangasem 电 08289-7030098、08123-816051 时 上课时间约为08:00从传统市场开始，14:00结束 网 http://www.baliasli.com.au 费 烹饪课程约Rp.800 000/人

好吃餐厅烹饪课 **Warung Enak** MAP▶P138.B4 址 Jl. Raya Pengosekan, Gianyar（Tegal Sari饭店旁边）电 (0361)972911 时 上课时间约为07:00-13:00 网 http://www.warungenakbali.com 费 烹饪课程Rp.475 000/人

月亮之家烹饪学校 **Casa Luna Cooking School** MAP▶P138.A2 址 2F, Honeymoon Guesthouses, Jl. Bisma, Ubud, Gianyar 电 (0361)973282 时 上课时间约为08:00-13:00 网 http://www.casalunabali.com/cooking-school 费 烹饪课程Rp.350 000~450 000/人

香料巴厘餐厅 MAP▶P128.B2 时 上课时间约为周一、周三、周五06:00-15:00 费 烹饪课程90美元/人（另加税金、服务费）

❋ 做瑜伽与自然融合

注重身心平衡健康的人越来越多，而瑜伽则是达到平衡的好方式之一。巴厘岛被认为拥有非常好的气场，非常适合瑜伽练习，可以让练习者更深入感受自己与身体或是自己与大自然间的关系，所以瑜伽课是岛上非常受欢迎的活动。大多数的瑜伽中心都拥有开放式的空间，结合周围的森林、河川，让你在自然环境下发现自己的"心"节奏。

图片提供／onourownpath.com

哪里玩

欧洛普瑜伽教室 **Olop Yoga Studio** MAP▶P126.C2 址 No.7, Jl. Drupadi I, Banjar Basangkasah, Seminyak, Badung 电 (0361)733403、08123811507 时 每周一至周五均有不同课程 费 Rp.80 000

谷仓瑜伽 **Yoga Barn** MAP▶P138.C4 址 Jl. Pengosekan, Padang Tegal, Ubud, Gianyar（Siam Sally餐厅旁、Zen SPA招牌巷子走到底）电 (0361)971236 时 每天均有课程 网 http://www.balispirit.com

2.饱赏自然风光

巴厘岛拥有明媚且独特的自然风光,与我们习惯居住的城市更是有很大的差别,火山、湖泊及那亘古流传的世界遗产梯田景观,都是如此地耀眼夺目,让人不禁赞叹,因此到巴厘岛当然不能错过这些大地恩泽与迷人风光。

❋ 到巴度尔火山健行

巴厘岛最知名的火山,除了最高峰阿贡火山之外,就以目前仍会不定时喷发、终年冒出黑烟的巴度尔火山(详见P.142)最为知名。巴度尔火山健行(Volcano mountain trekking)是从位于巴度尔湖畔的透耶本嘉(详见P.143)村落开始,通常这里也是登山者的住宿地点。以全程约4~6小时的火山日出健行(Mt. Batur Sunrise)为例,大约清晨4点就得由村中出发,跟着巴度尔登山导游协会的导游健行上山,中途会提供水及吐司或烤香蕉,单趟路程约2小时。上山时虽是在黑夜中行走,不过由于参加健行的人很多,让路上显得很热闹;到了火山上,欣赏太阳从远方龙目岛的山顶升起,接着照耀在巴度尔湖上的美丽景致,壮丽的美景与登山体验,一直非常受欢迎。

哪里玩
巴度尔登山导游协会 PPPGB The Association Of Mount Batur Trekking Guides
址 Jl. Toya Bungkah, Kintamani, Bangli 电 (0366)52362 费 火山日出健行Rp. 300 000/人

❋ 骑乘越野自行车

由巴厘冒险公司所经营的越野单车(Mountain Cycling)游览路线,向导会带着你从巴度尔火山的金塔马尼(详见P.143)出发,先是讲解巴度尔火山的自然景观,随后一路往南,大多是平坦和缓的下坡路段,沿路不仅会经过村庄、稻田、神庙,还可看见梯田风光,一直到大象森林公园午餐,全长约26公里。向导可能会在中途停下来,带你进入幽静的森林,也有机会行过古老的巴厘聚落,随着向导对于文化、自然与历史的生动讲解,你绝对要随身带着相机,记录下这平凡中透着不平凡的一切。巴度尔火山区另有与搜贝克公司经营形态类似、但拜访村落不同的路线,两者都包括从南部旅馆的免费接送。

哪里玩
巴厘冒险公司 Bali Advanture 电 (0361) 721480 网 http://www.baliadventure tours.com 搜贝克公司 Sobek 电 (0361) 729016 网 http://www.balisobek.com

Chapter1 认识巴厘岛篇

❋ 骑大象走丛林

大象森林公园位于巴厘岛中部,原先是一处收养被遗弃大象的中心,至今演变成大象森林公园。在环绕林木的公园中,你将有机会了解这些大象的由来,以及该园区如何保护它们,你还可以坐在大象上漫步森林、亲自喂食大象,或是看大象在河里洗澡、玩耍,园区也可以帮结婚新人举办在大象背上的婚礼仪式,非常受到欢迎。大象森林公园同样由巴厘冒险公司(详见P.030)经营,你可以通过他们的网站购买连同其他活动的优惠套票。另一处可以骑大象的地方是巴厘岛野生动物园,可以欣赏到许多来自世界各地的野生动物。

哪里玩

大象森林公园 MAP▶P146.B2 址 Jl. Elephant Park Taro, Taro Village, Tegallalang, Ubud, Gianyar 电(0361)8988888 时08:00-18:00 网http://www.elephantsafaripark.com 费大人58.5美元、小孩40美元,入场券含骑大象

巴厘岛野生动物及海洋动物园 Bali Safari & Marine Park MAP▶P146.B2 址 Jl. Bypass Prof. Dr. Ida Bagus Mantra, Km.19,8 (Golden Line of Bali), Gianyar 电(0361)950000 时09:00-17:00(周六、周日提早30分钟开放) 网 http://www.balisafarimarinepark.com 费各式不同套票费用不同,大人49美元起、小孩39美元起;骑大象须另付大人85美元、小孩55美元

❋ 至梯田赏世界遗产

打从数百年前,巴厘岛的先人就发明出适合此地生态的耕种制度,例如依照地势及水的流向打造出的梯田,以及被称为"速坝客"的灌溉沟渠,现今,这些人与自然共生的产物,被联合国教科文组织列入世界遗产,具备非凡历史意义。岛上最有名的梯田有2处,一处是在乌布往北的特嘎拉让,这里风景很美,公路旁的山谷有小餐厅,旅人可以在此一边喝咖啡、一边欣赏梯田风光。特嘎拉让街上卖的手工艺品也比库塔或乌布的同类产品便宜上好几成。另一处是规模非常庞大的嘉帝路维,位于塔巴南北边,前往百度库、布拉坦湖的路途会经过,绵延数公里的梯田非常壮观,同样在公路旁有几家小店可以让你休息。

哪里玩

特嘎拉让(详见P.143)、嘉帝路维(详见P.147)

031

3. SPA纾压享受

巴厘岛的SPA（水疗养容与养身）举世闻名，在悠闲、舒适又浪漫的环境中，享受那宛若天使般轻柔的SPA疗法，是最过瘾的事了。这座岛上的SPA天天有新玩意儿，不只地点从室内空间搬到河边、山崖边、悬崖下或海边，就连内容也从精油和香料辅助，演变到巧克力、草莓或血腥玛丽鸡尾酒也来凑一脚，但无论是哪一种，都可以让你舒展筋骨兼洗涤身体心灵，是来到巴厘岛绝不可错过的行程。

❈ 爪哇露露 Mandi Lulur

约17世纪时自爪哇传进巴厘岛的古典款SPA，在当时是专为出嫁前的王室公主们量身打造，可以美化全身肤质，从婚前的1～3周开始进行，让公主可以拥有宛若新生的细嫩皮肤，流传至今，成为巴厘岛历史最悠久的疗程。基本上，完整的Lulur通常约需2小时，包括精油指压按摩、借由混合香料（通常含有米、白檀和姜黄）去角质、优格（优格指酸奶）滋润全身及花瓣浴等，最后再品饮香草茶。

最近特别热门的草莓泥去角质疗程(Strawberry Lulur SPA)，也可以说是"爪哇露露草莓版"，过程与爪哇露露相去不远，只是以草莓泥取代原本的磨碎米粒或咖喱粉，并加入柳橙、木瓜、酪梨等原料一同混合，目的是在去除角质之外，更借助草莓的果酸，滋养、修复、活化肌肤。疗程最后，会以玫瑰花瓣撒在泡有草莓浴盐的浴缸中，让肌肤再次享受更深入的滋润与呵护，此时工作人员会端来一杯现榨的草莓汁，为今日的疗程做完美ending。

还有一项疗程称之为巴厘岛式香料疗法(Balinese Boreh)，现在大多已融入爪哇露露共同疗程里，流程两者近似，差别在于巴厘岛式香料疗法是以印度尼西亚当地特产的丁香、豆蔻、肉桂、生姜等较刺激的植物来捣制去角质的敷料，能促进全身气血运行，进而达到排除体内残留的废弃物跟毒素。这个疗程对怕冷的人特别有效，但因为刺激性较大，故不建议怀孕妇女尝试。

哪里玩
每家SPA中心都有爪哇露露与巴厘岛式香料疗法，爱雅娜酒店的 Thermes Marins SPA（详见P.035）1.5小时疗程151美元。欲进行草莓泥去角质疗程，可前往乌琳酒店SPA（详见P.035），2小时约80美元。

Chapter 1 认识巴厘岛篇

❋ 巴厘岛式精油按摩 Balinese Massage

巴厘岛式精油按摩是最基本的SPA项目,在推拿中使用芳香精油,推拿的方式有时也包含穴道按摩、足部反射按摩,让身体充分舒缓放松。除了芳疗师本身的功力之外,精油也起了很重要的作用,精油原料包括薰衣草、姜、玫瑰、迷迭香等,大多数的店家都提供数种精油让顾客选择,你可以就自己当时的身体状况与芳疗师商讨。

哪里玩
每家SPA中心都有此疗程,1.5小时价格约50美元。

❋ 能量疗法 Reiki Treatment

起源于东方的神秘自然能量概念,近年也被纳入SPA的范围内。由芳疗师引导自然的力量,借以与人体内部达到平衡,产生修护效果,让人的心理或身体上的失衡状态(伤口、疼痛、郁闷等)得到改善。这在西方医疗复健体系中也颇为热门,巴厘岛许多5星级酒店的SPA部门也都设有能量疗法,甚至还引入西藏钵颂、灵气疗程、冥想等相关疗程。

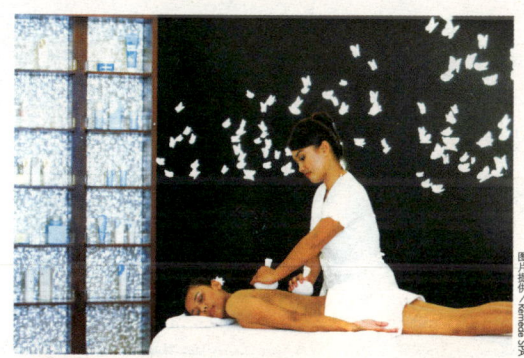

哪里玩
维努斯(详见P.035),每次疗程Rp.1 350 000

❋ 热石疗法 Healing Hot Stone Massage

这种疗程起源于夏威夷,是当地原住民用来调养身体的疗法。加热火山石后放置在身上,借由轻柔的按摩,让石头的能量注入人体,达到肌肉放松与活化关节组织的功效,疗程中还会以植物精油辅助,按摩身体血管及淋巴受阻部位,同时平衡体内能量。疗程大约1小时,在巴厘岛许多度假酒店里都有这种疗程。

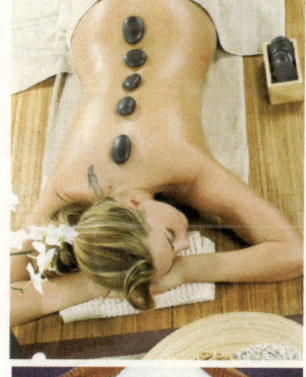

哪里玩
乌布肉桂(详见P.035)1.5小时疗程85美元、美拉普(详见P.035)1.5小时疗程Rp.500 000

❈ 血腥玛丽性灵疗程
Bloody Mary Inspired Ritual

血腥玛丽疗法是瑞吉酒店的独家疗程，首先以新鲜番茄、凤梨及芥末唤醒肌肤，接着以番茄与伏特加酒调制成的水果泥净化皮肤表层，之后以番茄与西洋芹等原料制成的精油按摩身体、排出毒素，再浸泡入加了苦艾酒、番茄、矿物盐的花瓣浴池中，让体内能量获得转换。疗程结束后，SPA中心还会准备血腥玛丽鸡尾酒及新鲜番茄汁佐生蚝让顾客享用。

哪里玩

瑞美（详见P.035），150分钟疗程Rp.3 750 000

❈ 两人4手和谐疗程 Four Hands Harmony Complete Body Massage

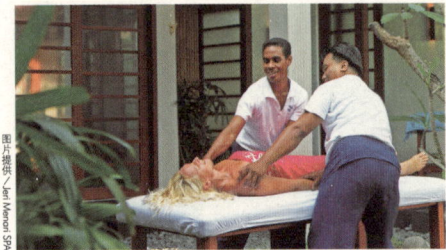

是由2位芳疗师同时为1位客人进行全身精油按摩的新奇疗程。两位训练有素的芳疗师4只手宛如弹钢琴一般，有秩序地在你身上游移，有点像是双簧或双钢琴弹奏，你可以放松地让芳疗师以恰到好处的力道，在自己身上尽情弹奏，这当中奇妙不已的感觉，的确值得一试，是巴厘岛非常受欢迎的疗程。

哪里玩

舞动手指（详见P.035），1小时疗程Rp.450 000

❈ 诗洛达拉疗法 Shirodara Treatment

诗洛达拉疗法源自印度民间医学"阿育吠陀"(Ayurveda)，取平衡人体内风、火、水3种能量(Dosha)的概念而来。整个疗程大约1小时，芳疗师会先以头部、头皮、肩颈按摩帮助放松，接着将温热的精油缓慢地滴落在你额头正中央（俗称第3只眼），你的身体会因此感到非常放松，甚至就这样睡着，虽然过程仅有短短数十分钟，但醒来之后却仿若新生，能量充沛。

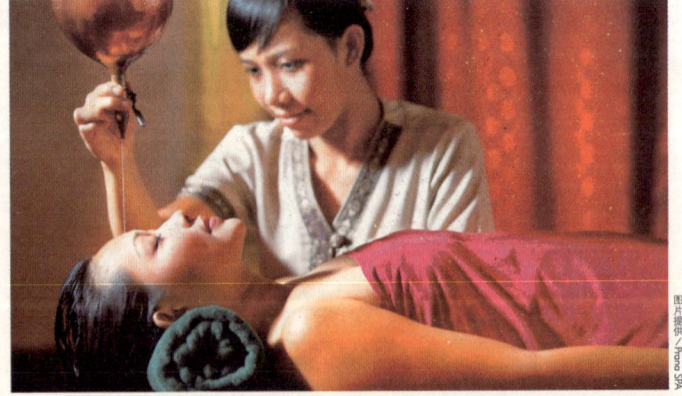

哪里玩

普拉那（详见P.035），60分钟疗程Rp.700 000

❀ 推荐优质SPA中心

巴厘岛的SPA中心何其多，实在是写不完，每一间都有它们各自的特色，这里还不包括路边那些没有正式登记的家庭式SPA呢！不过挑选SPA中心还是要注意清洁、卫生与气氛，否则就失去意义了。下列出一些也很有知名度和受到好评的SPA中心，供读者作为比较选择之参考。

SPA中心	所属酒店	人气疗程	疗程时间	约略价格	联络方式	地图标
乌布肉桂SPA (Kayumanis SPA Ubud)	乌布肉桂 (Kayumanis Ubud)	Sensory Surrender 疗程	6小时	280美元	Sayan Village, Ubud, Gianyar (0361)972777 http://www.kayumanis-SPA.com	P138.A3
美拉普 (Merapu SPA)	Desa Seni	热石疗法	90分钟	Rp.500 000	No.13, Jl. Kayu Putih, Pantai Berawa, Canggu, Badung (0361)8446392 www.desaseni.com	P126.C1
瑞美 (Reméde SPA)	圣瑞吉士酒店 (The St. Regis Bali Resort)	血腥玛丽疗程	150分钟	Rp.3 750 000	St. Regis, Kawasan Pariwisata, Nusa Dua, Badung (0361)8478111 http://www.starwoodhotels.com/stregis/property/overview/index.html?propertyID=1708	P128.B4
舞动手指 (Jari Menari SPA)	无	舞动手指精选、四手连弹疗程	舞动手指精选 1.5小时 4手连弹疗程 1小时	舞动手指精选 Rp. 350 000、4手连弹疗程 Rp. 450 000	No.47, Jl. Raya Basangkasa, Seminyak, Badung (0361)736740 http://www.jarimenari.com 努沙度瓦店 No.88, Jl. Pratama, Tanjung Benoa, Nusa Dua, Badung (0361)778084 http://www.jarimenarinusadua.com	P126.C2 P128.B2
普拉那 (Prana SPA)	无	诗洛达拉疗法、普拉那可可巧克力疗程 (Pranalicious Chocolate Treatment)	诗洛达拉疗法 1小时 普拉那可可巧克力疗程 150分钟	诗洛达拉疗法 Rp. 700 000、普拉那可可巧克力疗程 Rp.1 350 000	No.118, Jl. Kunti, Seminyak, Badung (0361)730490 http://www.thevillas.net/prana.htm	
Thermes Marins SPA	爱雅娜酒店 (Ayana, 原丽池卡登)	断崖岩石疗程 (SPA on the rock treatment)	2小时	2人同行 616美元/人	Jl. Karang Mas Sejahtera Jimbaran, Badung (0361)702222 http://ayanaresort.com/en/SPA/SPA_on_the_rocks	P130.B2
SPA at Four Seasons	四季金巴兰酒店 (Four Seasons)	富饶海洋 (OCEAN OPULENCE)	2小时	Rp.2 100 000/人	Four Seasons Resort, Bali at Jimbaran Bay Jimbaran Kuta Selatan, Badung (0361)701010 http://www.fourseasons.com/jimbaranbay/SPA	P130.B2
Mandara SPA	日航酒店 (Grand Nikko Bali)	极度放纵疗程 (Ultimate Indulgence)	2小时20分钟	215美元/人	Jalan Raya Nusa Dua, Nusa Dua, Badung (0361)773377 http://www.nikkobali.com/SPA	P128.B4
Away SPA	W水疗度假村 (W Retreat & SPA Bali Seminyak)	热情妈妈 (Hot Mama)	2小时	Rp.2 400 000/人	Jl. Petitenget, Kerobokan, Seminyak, Badung (0361)4738106 http://www.starwoodhotels.com/whotels/property/features/attraction_detail.html?propertyID=3221&attractionId=1005725619	P126.A1
Kriya SPA	君悦酒店 (Grand Hyatt)	传统疗愈按摩 (Traditional Healing Massage)	60分钟	90美元/人	Jl. Kawasan Wisata, Nusa Dua, Nusa Dua, Badung (0361)771234 http://bali.grand.hyatt.com/hyatt/pure/SPAs	P128.C3
SPA Alila	阿里拉乌鲁瓦图别墅酒店 (Alila Villas Uluwatu)	巴厘岛精油按摩 (Balinese Massage)	1.5小时	Rp.1 250 000/人	Jalan Belimbing Sari, Banjar Tambiyak, Desa, Pecatu, Badung (0361)8482166 http://www.alilahotels.com/SPA_alila	P133.A2
SPA at Maya	马雅乌布酒店 (Maya Ubud)	药草疗程 (Herbal Treatment)	1小时	73美元/人	Jl. Gunung Sari Peliatan, Ubud, Gianyar (0361)977888 http://www.ayaubud.com/SPA-maya/SPA-menu	P138.C2
Ulin SPA	乌琳酒店 (Ulin Villas)	草莓（酪梨、木瓜、柳橙）SPA疗程 (Semara Ratith)	2小时	80美元/人	Jl. Merta Sari, Seminyak, Badung (0361)735000 http://www.theulinSPA.com/SPAmenu.php?service=2	P126.A2
维努斯SPA (SPA Venus)	蝴蝶酒店 (Villa Kubu)	灵气疗程	时间长度视疗程进行情况而定	单次 Rp.1 250 000	Gang Plawa No.33F, Jl. Raya Seminyak, Seminyak, Badung (0361)731129 http://www.SPAvenusbali.com/reiki.html	P126.C4

035

4. 水上活动

巴厘岛四面环海,除了陆地上的文化艺术跟人文飨宴,不妨也尝试琳琅满目的水上活动,试想在那洁白沙滩与碧海蓝天之间,让海水与海风彻底解放你禁锢已久的野性,不管是漂浮或飞跃,你都将发现,和大海接近原来是这么的曼妙舒畅!

❊ 浮潜 Skin Diving

巴厘岛周边海域拥有丰富的珊瑚礁,同时也吸引大量鱼类栖息,你只要花费大约5美元就可以租到蛙鞋、蛙镜及呼吸管等浮潜工具,不需要背着水肺潜水,只要你会游泳,就可以戴着蛙镜、穿上蛙鞋,在水况稳定的珊瑚礁地区任意窥探水中生态。如果不放心,也可以多花一点钱租到帮助身体漂浮的救生背心。

哪里玩
南部努沙度瓦海岸(详见P.128)、帕丹拜 MAP▶P.148.A2、阿美(详见P.150)、土狼奔(详见P.150)、罗威娜(详见P.152)、鹿岛(详见P.153) 浮潜用具约5~7美元/日

❊ 海豚追逐 Dolphine Watching

不少人童年都曾被动画片《海王子》感动,向往一天可以直接把海豚当成坐骑,徜徉海底世界,虽然这无法成真,但至少你可以在船上追逐海豚的踪迹!出海赏海豚以北部的罗威那最知名,不过路途遥远,时间不够的话,你也可以选择在南部参加海豚之旅。过程中,通常船会开到离岸边约40~50分钟船程的海面上,利用声呐探索仪器来寻找海豚。据业者表示,游客是有机会看到一二百只海豚在海上奔驰的。若出海时没看到海豚,向船公司反映即可免费再参加一次。

哪里玩
罗威那(详见P.152) 每天早上06:00搭乘八爪渔船出海 约Rp.60 000/人,直接向当地下榻旅馆报名
白努亚港 MAP▶P.128.B1 每周一、周三、周五07:30发船、09:30返航 Bali Hai Cruises http://www.balihaicruises.com/ 大人65美元、小孩45美元(包括咖啡、茶、果汁及南部酒店接送)

Chapter1 认识巴厘岛篇

❀ 爱之船 Cruises

巴厘岛有2家公司经营从本岛出发到外岛（佩妮达岛、蓝梦岛）的一日游行程，一般都是从本岛的白努亚港(Benoa)出发，航行到目的地附近的海上平台时，船会下锚停泊，你可以任意在此处海域浮潜，或付额外费用，使用海上飞船等水上冒险活动设施，并搭小船参访佩妮达岛的风土民情；前往蓝梦岛的行程也有水上活动、浮潜、岛上参观等活动，船上还可享受西式、印度尼西亚式混合的自助餐点（亦有海滩BBQ的船班），或是在蓝梦岛上的海滩俱乐部享受各式沙滩游乐设施及酒吧，最后于下午16:00左右回到巴厘岛。

图片提供／Bali Hai Cruises

哪里玩
地 白努亚港 MAP▶P.128.B1 费 95美元
● 推荐业者 Quicksilver Cruises 网 http://www.quicksilver-bali.com/index.html Bali Hai Cruises 网 http://www.balihaicruises.com

❀ 冲浪 Surfing

巴厘岛一直是冲浪人士的梦想岛屿，浪况好、消费便宜，当地人又好相处，许多来自世界各地的玩家，经常一下飞机就直奔冲浪海滩附近的民宿。如果你是初学者，库塔海滩街附近有间奥德西冲浪学校，专门教初级冲浪，也有浪板出租。

❀ 潜水 Diving

比起看得到、摸不到的浮潜，潜水是更深入海洋的活动项目。巴厘岛的潜水点大多分布在东北、东南海岸及佩妮达岛周边，通常是跟随潜水公司的安排，到海中间的潜水点，潜入那宛如龙宫、美不胜收的海底世界，什么忧愁都能忘记。

哪里玩
乌鲁瓦图的舒鲁班海滩（详见P.132）、巴兰杠海滩（详见P.133）、西南部的回音海滩(Echo Beach) MAP▶P.017.C3 都是高手密集的冲浪区，库塔亦有专门的冲浪课程。
奥德西冲浪学校ODYSSEYS SURF SCHOOL MAP▶P.123.A3
地 Mercure Kuta Hotel Arcade, Jl. Pantai Kuta, Kuta, Badung
电 (0361) 7420763、7411856 网 http://www.odysseysurfschool.com
费 私人1天、2天、3天的课程分别为60美元、110美元、160美元（每堂课2.5小时）

哪里玩
佩妮达岛(Nusa Penida) MAP▶P.017.D3 、鹿岛（详见P.153）、土狼奔（详见P.150）、阿美（详见P.150）、泉帝塔萨（详见P.149），这些区域都有潜水社、潜水公司提供丰富的潜水资讯及服务，南部也有专门的潜水公司。
潜水公司Bali Diving 地 No.46e, Jl. By Pass Ngurah Rai, Sanur, Denpasar 电 (0361)70791 网 http://www.bali-diving.com 费 60美元起（非初学者）

✳ 急流泛舟 White Water Rafting

巴厘岛许可泛舟的河流有中部的爱咏河(Ayung River)与东部的特啦嘎瓦家河(Telaga Waja River)，前者位于乌布附近，交通较方便，可以搭配着乌布的景点一起玩，较受一般游客欢迎；而特啦嘎瓦家河的河水比较湍急，爱刺激的游客必定预约。泛舟全程大约3小时，一路上山峦起伏，热带丛林、河谷、梯田及小径人家风貌尽入眼帘，也是一大享受。

图片提供／Sobek

图片提供／Sobek

哪里玩
详情可洽搜贝克与巴厘冒险公司（详见P.030），官网可直接报名预约。
💰 76～79美元

✳ 南湾水上活动 Water Activities in Tanjung Benoa

丹戎白努亚海滩又称南湾，是巴厘岛最大的水上活动集中区，除了香蕉船、拖曳伞、水上摩托车等海滨常见的活动外，也有搭乘玻璃底船到附近海龟岛的行程，选择多样化。唯一要注意的是，在海滩上的水上活动业者非常多，须谨慎选择公司。

哪里玩
丹戎白努亚海滩（详见P.129）💰浮潜(Snorkling)约30美元（至少2人）；香蕉船(Banana Boat)20美元/15分钟；水上高速滑水(Jet Ski)25美元/15分钟；拖曳伞(Parasailing)20美元/15分钟；飞鱼(Flying Fish)35美元/15分钟；海豚之旅(Dophin Watching)私人包船约95美元（至少2人）、团体船约70美元（至少4人）；玻璃船(Glass Bottom Boat)20美元/1小时（至少4人）

● 推荐水上活动业者
白努亚海洋活动公司 Benoa Marine Recreation MAP▶P.128.B1 址 No.99, Jl. Pratama, Tanjung Benoa Beach ,Nusa Dua, Badung
电 (0361)771757 网 http://www.bmrbali.com
约瑟海洋冒险公司 Yos Marine Adventure MAP▶P.128.B1 址 No.106, Jl. Pratama, Tanjung Benoa Beach NusaDua, Badung
电 (0361)773774 网 http://www.yosdive.com

5.夜店狂欢

有一些朋友喜欢拿曼谷的夜店跟巴厘岛比，然后说巴厘岛的夜店比较无聊。好吧，这要看你要玩得多深、多疯狂。像我是在夜店喝喝酒，跟陌生人鬼扯一晚，疯一疯后就回酒店或别墅睡觉，养精蓄锐准备明天享受其他的事；但如果你要更辛辣的，巴厘岛的夜店的确是少了些，不过，能在乐趣、活力、狂欢之中还夹杂一点"优雅"，也很值得体验吧！

❈ 雷根大街 Jl. Legian

雷根大街是属于背包客、年轻人的世界，这边夜店的特色就是"疯狂"，狂欢的观光客多半来自澳大利亚、新西兰或欧美，且以年轻背包客、学生占最大宗，每天都在此喝到烂醉，享受豪放不羁的夜晚，喜欢没天没地的玩家，你一定会爱上这地方。因客群年轻，消费也较其他夜店区便宜，但偶尔有传出卖假酒或劣质酒的恶劣行径，须特别小心。有时也会有毒品、情杀、仇杀、口角争执事件，玩乐之余还是要注意自身安全。

哪里玩

注 下列酒吧都在Jl. Legian上，官网每家的地址都是Jl. Legian Kuta, Bali。
MBARGO MAP▶P123.B3 电(0361)756280 网http://www.mbargonightclub.com 注融合迪斯可舞池与Lounge Bar，尖峰时段约01:00 大人物Vi Ai Pi MAP▶P123.B3 电(0361)750425 网http://viaipi-bali.com 注结合乐团演出的餐饮空间，00:30开始场地转为舞池使用 空中花园Sky Garden MAP▶P123.B3 电(0361)755423 网http://61legian.com 注兼具啤酒屋、餐饮、Lounge、舞厅、酒吧、服装秀表演等功能，并经常有舞者表演 邦提Bounty MAP▶P123.B3 电(0361)752529 网http://www.bountydiscotheque.com 注结合多座酒吧、舞池的大型娱乐中心，经常有不同主题派对，外国人免费入场，本地人要门票

❈ 烫青菜街 Jl. Gado Gado

俗称"烫青菜街"的Jl. Gado Gado，还有个绰号是Jl. Dhyana Pura，街上的酒吧产业竞争激烈，分成综合型酒吧（Mix Bar）与男同志酒吧（Gay Bar），酒吧不需要门票、入场费，直接跟吧台点酒即可，每瓶星星啤酒价格约为Rp.70 000～Rp.80 000。综合型酒吧每晚都有乐团表演，同志酒吧每晚接近午夜时分就会有变装秀、内裤秀、皮革秀、GO GO BOY秀。

哪里玩

JP小吃摊俱乐部 JP's Warung Club MAP▶P126.C3 址No 6, Jl. Dhyana Pura, Seminyak, Badung 电(0361)731-622 注融合餐饮与乐团表演的综合型酒吧 圣塔菲 Santa Fe MAP▶P126.C3 电No.11A, Jl. Abimanyu(Dhyanapura), Seminyak, Badung 电(0361)731-147 注综合型酒吧 巴厘乔 BaliJoe MAP▶P126.B3 址No. 8, Jl. Dhyana Pura, Seminyak, Badung 电(0361)8475771 网http://www.balijoebar.com 注同志酒吧，提供各式酒类，午夜开始有同志秀表演，与隔壁的"混得好"酒吧经常互相对垒拼场 混得好 Mix well MAP▶P126.B3 址No. 6, Jl. Dhyana Pura, Seminyak, Badung 电(0361)736146 注同志酒吧

❋ 海滩俱乐部 Beach Club

在巴厘岛,海滩俱乐部是时尚的象征。在浪涛拍打的白色沙滩边、或是一望无际的悬崖上,人们总是穿着被称为Island Casual风格的轻松服装,简单舒适却有时尚感,此时来杯特调鸡尾酒或迷人香槟,微风与浪声相伴,在夕阳余晖中轻松地享受舒适与放松的氛围,店家还会不定期邀请世界各地的知名DJ驻场,播放迷人的电音或house乐,让人趋之若鹜。

哪里玩

塞米亚克、金巴兰海滨

Tip 热门海滩俱乐部

● 洋芋头海滩俱乐部 Potato Head Beach Club

同样位于塞米亚克区,以时尚派对、海滩酒吧为主题,空间设计灵感来自古罗马竞技场,以数千个旧型窗框拼接包裹的外观极具时尚感,店家还经常举办海滩狂欢派对、电音、摇滚之夜,吸引游客来此彻夜狂欢。黄昏开始是人潮最多的时候,许多人来此欣赏落日景观,没有预约的话通常需要排队进场。

MAP▶P126.A1 址 Jl. Petitenget, Seminyak, Badung 电 (0361) 737979 网 http://ptthead.com 费 鸡尾酒约Rp.110 000/杯

Chapter1 认识巴厘岛篇

●库德塔 Kudeta

巴厘岛最早的海滩俱乐部，堪称始祖，2009至2011年间更两度被《The Miele Guide》美食指南评选为亚洲20大最佳餐厅。餐厅内部采用半开放式设计，加上面海的游泳池与露天躺椅，每天都吸引无数俊男美女前来光顾，店家也经常举办时尚表演、海滩派对等活动，让气氛High到最高点。下午至晚上是人潮最多的时候，人们多半来这边享受落日美景、曼妙音乐跟时尚氛围。

MAP▶P126.A2　址 Jl. Oberoi, Seminyak, Badung　电(0361)736969　网http://www.kudeta.net　费鸡尾酒约Rp.120 000/杯

●椰子滨海餐厅 Klapa

椰子滨海餐厅位于新库塔海滩（原称Dream Land）悬崖上方，可俯瞰印度洋，拥有得天独厚的浩瀚大海及落日绝景，加上其热带椰子树扶疏摇曳的庭院，与平行海面的无边际游泳池，十分受欢迎。设计风格很明显是库德塔的翻版，并同时具备餐厅、健身房、SPA、酒吧、夜店等多重功能，还提供价位合理的各国餐点，风景与氛围也比库德塔、洋芋头都好，不过就是位置离闹市区甚远。

MAP▶P133.B1　址 Pecatu Indah Resort, New Kuta Beach, Jimbaran, Badung　电(0361)8484581　网http://klapa-newkutabeach.com　费鸡尾酒约Rp.100 000/杯

●马赛克海滨俱乐部 Mozaic Beach Club

马赛克(Mozaic)法式餐厅最先发迹于乌布，由米其林级大厨克利斯(Chris Salans)及其团队所经营，一直以来深受各路饕客好评。而在塞米亚克北边巴度贝里格(Batu Belig)海边的这家新店，融合了精致法式料理与轻松自在的美酒、轻食，可以强烈感受到厨师追求极致的精神，是与其他海滩俱乐部最大的不同。

MAP▶P126.A1　址 Jl. Pantai Batu Belig, Kerobokan, Badung　电(0361)4735796　网http://www.mozaic-beachclub.com　费鸡尾酒约Rp.150 000/杯

买在巴厘岛

独具风格质精价廉

出国旅游，不免买些礼品回国馈赠亲友，而这些礼品不仅要有当地的风味，而且要好吃、好用或是好看，最好还体面大方，这实在不简单，好在巴厘岛最不缺乏的就是这类好东西。这里的好东西不只种类多，更便利的是，巴厘岛的礼品不用钻遍小巷才找得到，只要走走一般常见的超市、大卖场或手工艺品店，你就可以买到这些适合带回国内的Omiyage，要想全部带回国内，就看你血拼的战力了！

Tip! 采买食物、药品小叮咛

出国游玩采买礼品时须注意，新鲜的蔬果、肉、鱼、奶、蛋都是入境管制商品，大部分食物腌制或干燥加工、并经妥善包装后可以带回国，但肉类制品却是严格禁止的，即使内含少量肉类的起司、泡面、真空调理包都属于违禁品。药品则以自用6种为限，中药材总价不得超过人民币200元。若不慎违规，不仅回国会被海关人员没收罚款，以后出入海关被临检盘查的机率也会增高！购买时务必多加注意。

1. 零嘴小食

有很多人看到零嘴就心花怒放，尤其在异国看到商店架上那些五花八门的零食，更是无法阻挡自己想要通通打包带回家的欲望，而巴厘岛的零食种类琳琅满目、口味众多，在价格上也通常相对便宜，到超市稍微搜刮一下，只要行李塞得下，又有什么不可以呢？

❄ 黄金咖啡 Golden Coffee

盛产咖啡的印度尼西亚，在巴厘岛也有许多不同的品种与品牌，例如旅行团必带去买的小绵羊咖啡（Coffee Domba），每6包Rp.360 000（母豆）与Rp.786 000（公豆），金兔咖啡（Golden Rabbit），每6包30美元。实际上，许多玩家极力推荐的"巴厘蝴蝶地球黄金咖啡"（Kopi Bali-Butterfly Globe Brand）咖啡其实才是巴厘岛最知名、好喝的咖啡，在超市、卖场都买得到，250g包装价格约Rp.30 890。

Tip! 巴厘黄金咖啡 Bhineka Djaja Kopi Bali

离巴东市场不远的巴厘黄金咖啡，位于最热闹的Jl. Gaja Mada街上，是巴厘知名特产"黄金咖啡"的专卖总店，游客可坐在充满怀旧风味的咖啡店前，细细品味美味的现煮咖啡，虽然只有两张简单的桌子，但咖啡的精致及店员的专业解说，还是让人感到值回票价。店铺后方就是包装作业场，可以看到工作人员包装咖啡的模样。不妨顺便挑几包架上的咖啡豆当纪念品，包装不太精致，但价格相对实惠。

MAP ▶ P134.B2　📍Jl. Gajah Mada, No.80, Denpasar　☎(0361)720-589　🕘09:00-16:00　🌐http://www.kopibali.com

Chapter 1 认识巴厘岛篇

❈ 坚果 Nuts

巴厘岛的太阳牌花生(Kacang Mathahari)又大颗又好吃，带有浓厚的花生香气，又有些许的甜味，绝对是当零食或是下酒的良伴，大包装1包大约Rp.28 500。不过这重量很实，买多了对行李的负担很大。此外还有Kaya King这个牌子，各种坚果口味都有，价格比太阳牌便宜些，同样在超市能找到。

❈ 拉茶 Tarik

Max Tea这个牌子的拉茶有炭焙的香气，是很多人到巴厘岛必买的饮料，味道偏甜，即便自己不喜欢，但也很适合买来送礼。有5包盒装及30包袋装，后者才卖Rp.34 850，换算起来1包才Rp.1161，约人民币5角钱，非常划算！

❈ 泡面 Instant Noodles

巴厘岛的泡面跟中国一样，各式各样的品牌、种类、口味，选择非常多，Sedaap这牌子口味很多样，也应该是最受欢迎的，其中炒面(Mie Goreng)种类的最常见，是干泡面，吃起来口味浓郁，跟中国一般吃到的泡面不同，当礼品可以给好友一个惊喜！虽然便利商店里也买得到，但1包要Rp.2000，建议到家乐福等超市购买，1包才Rp.1260，更便宜。此外也有Pop Me杯面也推荐，看起来很普通的包装，有点像玩具，但却意外地好吃，喜嗜重味的读者可以选择咖喱口味，保证满意，而且比Sedaap的汤面好吃很多。不过，印度尼西亚泡面曾被检出添加大量防腐剂与化学添加物，建议还是先研究好成分再购买。

❈ 洋芋片 Potato Chips

CHITATO、Qtela、Kusuka……洋芋片在当地是很常见的零食，牌子很多，不过，与中国不同的是，巴厘岛的洋芋片并非使用马铃薯制成，而是"木薯"，口味其实吃起来差不多，不算很特别，选择也没很多，但跟中国有差异的口味，例如"烤奶酪"，还是能带来些新鲜感，加上价格相当便宜，一包折合人民币不到3元，加上也许是人在度假天堂，特别放松，连洋芋片的味道也跟着不赖起来！

❈ 虾饼 Shrimp Pastry

巴厘岛的虾饼口味比较重，打开稍微会有点腥味，但吃起来口感十足，一般土产店就可买到，1包约Rp.12 000~Rp.15 000。如果肠胃比较不好，想吃得更安心些，建议可以到超市购买，一包约Rp.27 900，口味多多，连形状也有变化。这边提供一个小秘方，如果有买ABC辣椒酱，把虾饼蘸着辣椒酱吃，超"涮嘴"的啊！

❈ 辣椒酱 Chili Sauce

热带国家的辣椒酱总是做得特别出色，ABC辣椒酱就很适合买几罐带回，尤其是天气热、食欲不振时，有它就随时开胃！要注意的是，此款辣椒酱也有口味之分，一款包装上头写着Asli，口味甜甜辣辣，吃料理时常会附上一小包，蘸什么都好吃；另一款写着Exira Pedas是特辣，嗜辣者必买。另外，购买时同样要注意加工食品常见的防腐剂与添加物问题。

043

2.香氛、药品

巴厘岛有许多当地常用的家庭药品或香氛用品,就像我们居家常备的风油精或是牛黄解毒丸一样普遍,然而这些便宜又简单的居家生活必需品却都是采用古老的配方,有其一定的功效,如果可以采购一些,有时候可以帮助舒压、提神甚至安定神经呢。这类东西在当地价格都满实惠,一般的超市或卖场就可看到,祝你购物愉快。

❀ 手工皂 Handmade Soap

许多肤质敏感的游客到热带国家最困扰的事,就是皮肤开始起疹子、红肿痒痛,还没开心就先扫兴,此时不妨试试巴厘岛的手工皂,在一般的纪念品店可以找到,家乐福等超市里也有贩售,人民币约6元左右,就能买到小包装的手工皂。这些手工制作的香皂,成分多半是巴厘岛盛产的椰子油及其他植物的萃取物,泡沫细腻,质地也十分温和,对皮肤的刺激性较低,无论是沐浴或是洗脸都十分合宜,加上香气多样,诸如常见的薰衣草、玫瑰、茉莉花,又或是椰奶、赤素馨花等较奇特的味道,随便也能挑选出好几种自己喜爱的气味,送给友人当礼物也很适合。此外,也有将手工皂及精油放在一起的小巧可爱包装,都特别适合送给女性朋友。

❀ 鹰标正庄白树油 Min Yak Kau Puti

鹰标正庄白树油是由产于印度尼西亚、澳洲的白千层树提炼而出,在超市每瓶贩售Rp.12 000,凡是防蚊虫、祛风、解热、安定情绪等常见需求,听说使用起来都非常有效,而且比国内还便宜。所谓的白树油,其实就是我们常听到的茶树精油,在印度尼西亚就像是我们居家必备的风油精一样,是日常的必需品之一。

❀ 精油 Essential Oil

精油在我们日常生活中"贵森森",不过在巴厘岛却因为SPA中心林立而被广泛使用。然而精油好坏与是否纯正有很大的关系,有的商家添加了人工香精,有的用椰子油充量,便宜的混充精油闻起来会让人缺氧与头疼,得不偿失。如果要购买精油的话,注意厂牌及所购买的地点是不是够专业,考虑价格时也要认知一件事,耗费千万朵花才提炼出来的纯正精油是不可能太便宜的。

❀ 青草油 Tjing Tjao Balsem

防止蚊虫咬伤的居家旅行必备良药,1瓶36克装才卖Rp.13 900,在夏天蚊虫很多的时候非常好用,不仅清凉又可以止痒,另外在提神及缓和情绪上也有显著的功效。据我所知,青草油是到巴厘岛的游客最常被委托购买的人气商品之一,非常适合作为礼物馈赠亲友。

Chapter1 认识巴厘岛篇

零嘴小食、香氛产品、药品哪里买

星星超市 Bintang Super Market

位于塞米亚克大街上的星星超市，是旅行者最爱前往的超市之一，交通方便，偌大的卖场逛起来相当舒适，商品种类也相当齐全，可以说是要什么有什么，最可贵的是，商品价位相当平实，没有因为位在热门区域就成为专坑观光客荷包的血拼黑暗区。周边一带的塞米亚克大街与欧贝罗侬大街上还有很多个性服饰、配件的小店值得逛逛。

MAP▶P126.C4　址 No.17, Jl. Raya Seminyak, Seminyak, Badung　电(0361)730552　时 07:00-23:00

hypermart

位于葛拉利亚购物中心2楼的超市，占地宽广，脚会走到很累，陈列各式食品，包括生鲜食品、干货、饮料、糖果、饼干、咖啡……要买零食礼物，绝对不要错过。葛拉利亚购物中心本身就拥有许多间不同性质的大型卖场，在这里绝对买不完。

MAP▶P123.C4　址 Jl.By Pass Ngurah Rai, Kuta, Badung　电(0361)755-277　时 10:00-22:00

家乐福 Carrefour

来自法国、位于库塔日落大道边的家乐福，以明亮干净的宽敞空间，在巴厘岛开幕后，在极短的时间内吸引大批人潮，除当地居民外，也有不少观光客前来寻求熟悉、安心的购物体验，这里除了日用品之外，还包括生鲜食品、水果，绝对是扫货的好去处。

MAP▶P123.C2　址 No.440, Jl.Imam Bonjol, Denpasar　电(0361)483-075　时 09:00-22:00

太阳百货 Mathahari Department Store

库塔广场太阳百货1楼是片占地阔的超市，贩卖着各种当地与进口的食品、生鲜商品，由于地处巴厘岛最繁华热闹的地带，人来人往非常热闹，如果住在这附近，太阳百货会是个不错的采购地点。

MAP▶P123.B3　址 库塔广场店 Jl.Kartika Plaza, Kuta Square, Kuta, Badung　电(0361)757588　时 09:30-22:00

3.服饰配件

巴厘岛最具特色的服饰除了传统的蜡染、沙龙以外,也有很多结合巴厘岛民族风格的现代服装,由许多外国设计师设计,他们旅居巴厘岛,将生活中常见的当地素材、图样或风格,融入服饰、配件,价格平实,撞衫的概率又低,想克制购买的欲望实在很不容易!除了星星超市周边一带外,乌布的猴园路上也有很多贩售这类商品的店家。

❈ 蜡染 Batik

被称之为"印度尼西亚国服"的蜡染衫,其运用的蜡染技术,全程以手工处理,首先要运用工具或印模将布料以蜡染的方式上色,之后再脱蜡、水洗、晾干,工续繁复,加上图案十分讲究,因此深具艺术价值,在过去是皇家御用商品,流入民间是因为后来荷兰人的入侵。颜色主要以靛青和褐色为主,这是由于染料是由天然植物提炼。琳琅满目的图样富有印度尼西亚风味,一般以自然景象或民间故事为主,后来也融合了荷兰及中国文化,出现中国神兽或欧洲人喜欢的郁金香等图像。蜡染衫的技术,以及布料的品质有很大的差距,品质不好的,下水还会把你一缸白色衣物也顺便染了,所以建议挑选有品牌信誉的店家购买。此外,女孩子最爱的单片式蜡染小洋装,穿起来相当可爱,一件大约Rp.220 000,送礼自用两相宜。

> **Tip** 巴迪克 Batik Keris
>
> 全国连锁的Batik Keris来说,一件腊染衬衫大约价值Rp.350 000~Rp.500 000,除了在库塔的发现购物中心可以找到外,几乎巴厘岛的大型购物商场都可以看到其专柜。
>
> MAP▶P.123.A4 址 发现购物中心(详见P.047)1楼 电 (0361)769-756 http://www.batikkerisindonesia.com/Batik_Keris/Home.html

❈ 金饰·银饰

金银制饰品在巴厘岛颇有历史渊源,知名的银器之村策鲁克(Celuk),在古代是种姓制度中比较下层的贵族居住处,居民负责制作国王及王宫所需要的宝剑或器皿,经过几个世代的技术传承,子孙们利用这些技术制作精美的金银饰品,提供给广大的观光客市场。金银饰品的价格差异很大,依成品的手工及精致度而定,策鲁克主要道路上的店家均有展售,喜欢的人可以多加比较并确认其纯度。

❈ 沙龙 Sarung

可以让女生身材曼妙的沙龙,品质及花色对价格的影响很大,不妨从百货公司或是免税商店挑选。一条价格约Rp.100 000,质优价廉,又有包装得美美的礼盒,当礼品很讨人欢心,自己穿也高兴。若是在路边买,大约可杀到Rp.18 000~Rp.20 000的超便宜价位,但品质可能就差一些,有多的时间,不妨慢慢挖宝。

Chapter1 认识巴厘岛篇

❉ 个性服饰

除了极具巴厘岛风的传统服饰外,只要是印上星星啤酒(Bintang)图案或是"I Love Bali"字样的T恤、背心或短裤,风格简单好搭配,辨识度也高,因此也成为观光客热烈抢购的纪念商品。一件大约Rp.30 000Rp.50 000的价格,就算是在家当家居服也不可惜。此外,库塔、塞米亚克、乌布等地,同样可以发现许多小店,里头贩卖店主人亲手设计的个性T恤,将巴厘岛的文化结合年轻元素再展现,独具美感的配色及图案,好搭配又不易撞衫!

Tip DFS 免税店 DFS Galleria Bali

DFS是全世界连锁的免税店,巴厘岛的这家分店规模非常大,除了烟酒、化妆品、香水、手表等商品外,还有许多国际知名精品品牌。因为可以买到的免税商品种类繁多,所以最好在国内即把要购买的商品型号及价钱都查清楚,才能准确地向店员表达,也方便比较价钱。另外,这里也有专门贩售印度尼西亚及巴厘岛传统手工艺品、木雕、沙笼、巴迪克等具有当地特色的商品,较诸一般市集,这里所供应的品质当然比较精良,价位也相对较高。

MAP▶P123.C3　址Jl, Bypass Ngurah Rai, Kuta, Denpasar
电(0361)757-785　网http://www.dfsgalleria.com　时10:00-22:00

服饰配件哪里买

除了在上述内文提到的地点之外,以下几个地点也是能买到各路好货的地方!

库塔艺术市场 Kuta Art Market

库塔艺术市场的范围很大,里面全是许多小店,陈列着各式各样的手工艺品、纪念品以及T恤等最吸引观光客的巴厘岛特色商品。这里的手工艺品来自巴厘岛各地,例如马斯(Mas)的木雕、吉安雅(Gianyar)的纺织品等,老板们总是开价甚高等等被砍,有时间的话,可以把想要买的纪念品在这里慢慢选个够,然后再和店家大玩杀价游戏,价钱上有非常大的谈判空间。艺术市场的范围一直延伸到海边,也非常适合在用餐前后前往散散步、逛一逛。

MAP▶P123.B4　址Jl. Kartika Plaza与Jl.Bakungsari交界附近

乌布市场 Pasar Ubud

乌布市场供应生活用品及食物,是当地最大的市场。早上是传统市场,来来往往的车辆、头顶货物的妇女与穿梭人群中的小贩,把这里挤得水泄不通,非常热闹。下午的时段开始,和库塔艺术市场一样,贩售着许多手工艺品、纪念品以及有巴厘岛图样的纪念T恤、沙笼等,可从店家开价的30%~50%开始杀,若时间充足,最好多逛几家比价,以免事后懊悔不已。

MAP▶P138.B1　址Pasar Ubud, Jl. Raya Ubud, Ubud, Gianyar (位于乌布王宫正对面)

发现购物中心 Discovery Shopping Mall

巴厘岛最大的时尚广场,位于海滩旁,建筑华丽雄伟,门面气势磅礴,令人不得不刮目相看。内有各式各样的精品店、服饰店、家具及食品店,地下1楼是Sogo百货、玛莎百货(Marks & Spencer)以及超市;1楼则有精品及个性小店。靠近大门的星巴克与面包物语,为受欢迎的餐饮地点,另外在面海滩的那一侧,有许多的餐厅、咖啡厅、小酒吧。蓝天碧海的外在环境,加上高档新颖的内部空间与商品,让人非常享受在此逛街购物的畅快感。

MAP▶P123.A4　址Kartika Plaza Street, Kuta, Badung　电(0361)755-522　时周一至周四、周日10:00-22:00,周五、周六10:00-22:30　网http://www.discoveryshoppingmall.com

4. 手工艺品

由于人工相对便宜，所以巴厘岛的手工艺品市场一直呈现欣欣向荣的景象，怎么说呢，你只要看日落大道上占地宽敞的大型手工艺品专卖店一家接一家开，就不难了解观光客有多么喜爱这些商品，喜欢杂货与居家摆饰的人绝对不可错过。

❊ 家具 Furniture

印度尼西亚的森林资源非常丰富，各式各样的木质家具可说是琳琅满目，保证都是真材实料，许多大型家具工厂都集中在塞米亚克北边的克罗柏坎大街一带，在市区也有店家贩卖家具，并协助顾客寄送的相关事宜。此外，在很多贩售纪念品的地方，也能找到印有巴厘岛风格图样的抱枕、抱枕套、灯饰、大型灯具等，应有尽有。

Tip 里奥家居生活馆 Lio Collection

MAP ▶ P126.C2　址 No.2, Banjar Taman, Jl. Raya Kerobokan, Kuta, Badung
电 (0361)8093157
网 http://www.liocollection.com

Tip 准嘎啦陶瓷公司

准嘎啦陶瓷公司是巴厘岛购买陶瓷制品的首选地，位于日落大道与沙努各有一家准嘎啦的畅货中心(Outlet)，商品可能有小小瑕疵，但也因此价格实惠不少。

陶瓷艺术展示旗舰店 **Jenggala Keramik**
MAP ▶ P130.C2　址 Jalan Uluwatu 2, Jimbaran, Bali　电 (0361)703-312　网 http://www.jenggala.com

日落大道畅货中心 **Jenggala Factory Outlet**
MAP ▶ P123.B1　址 Jalan Sunset no.1, Kuta
电 (0361)766-466

沙努古当畅货中心 **Gudang Keramik**
MAP ▶ P136.B2　址 No.5, Jl. Danau Tamblingan, Sanur, Denpasar　电 (0361)288-147

❊ 陶瓷 Keramik

位于金巴兰的准嘎啦陶瓷公司，展示着艺术与实用价值均备的陶瓷用品，结合了巴厘岛与西方设计的精神，精细的品质搭配简约的样式，深受国际间的喜爱。可以挑些很有巴厘岛风格的盘子、碗、碟、瓶子等杂货，这类的礼品买来自用或送人都很能展现自己的品位。

Chapter1 认识巴厘岛篇

❈ 木雕 Carving

靠近乌布的马斯(Mas)，是王国时代专为国王雕刻的工匠所聚集的村落，到现在该村落仍以精致手工的木雕产品自豪。这里出产的木雕，质地非大量制造的木雕所能比拟，尤其是黑檀木所制成的高级艺术品，香气深远沉着，数量也十分稀有，如果有兴趣看看，店家主要集中在大马斯路(Jl. Raya Mas)上。如果你不想跑到这么远，或不想砸太多预算，一般的木雕艺品路上随处可见，在日内瓦手工艺中心等卖场更是数不胜数，虽然称不上做工精细，但质朴的手工加上巴厘岛的色彩风格，还是让这些小商品相当讨喜。

❈ 画作 Painting

在巴厘岛路上，不时可见素人开设的画摊、画店或艺廊，虽不是名家，但具有特色的巴厘风美感，仍能看见颇具欣赏价值的画作。也有些专门模仿当地名家的画，虽然不太像样，但从另一个角度看却十分具恶趣味，画作多半依大小开价，平均一幅大概Rp.200 000~Rp.500 000，而且可以杀价。

服饰配件哪里买

各地的艺术市场里都能找到可当做纪念品的小杂货，但是因为需要费力杀价，所以建议你前往某些大卖场般的手工艺品店，所有巴厘岛街上看得到的手工艺品、小食品、纪念服饰等应有尽有且价格平实，你不需要杀价，只管尽量把东西往推车里摆即可。

● 克利斯娜手工艺品大卖场 Krisna Oleh-Oleh
网 http://krisnabali.co.id/kontak-kami
日落大道店 Krisna Sunset Road MAP▶P123.C2
址 No.88, Jl. Sunset Road, Abian Base Kuta, Badung
电 (0361)750-031、(0361)750-987
图班店 Rama Krisna MAP▶P123.B4 址 Jl. Raya Tuban no 2x , Badung 电 (0361)764-532

● 日内瓦手工艺品卖场 Geneva Hadicraft Center
MAP▶P126.C2 址 No.100, Jl. Raya Kerobokan, Seminyak, Badung 电 (0361)733542 时 09:00-20:00
网 http://www.genevahandicraft.com

住在巴厘岛
让人永世难忘的完美旅宿

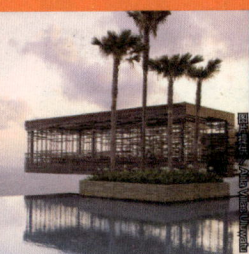

巴厘岛以观光业闻名于世,自然巴厘岛的旅馆、酒店业兴盛更是不在话下,而拥有豪华泳池、花园、厨师、佣人、司机的私人Villa别墅,更是巴厘岛最著名的住宿产物,每每总可以让渴望在旅行中获得享受与乐趣的人们获得感动不已的住宿经验。

1.国际豪华星级酒店

巴厘岛不乏国际级连锁的星级酒店,这些酒店通常盖在风景最美、最独特或是最热闹的地方,包办吃喝玩乐,为住客们津津乐道,巴厘岛的许多5星级饭店更经常成为国际会议或比赛的举办场所。

❀ 金巴兰艾美酒店 Le Meridien Bali

2013年5月正式开幕,地点就在迷人的金巴兰海滩附近,承袭其品牌一贯风格,设计简洁富现代感,118间不同风格的客房、套房以及Villa别墅,分别位于4座被泳池所环绕的水之塔(Aqua Tower),从房间就可以跃入称为潟湖(Lagoon)的泳池内。千万别错过位于顶楼的云雾酒吧(Smoqee Lounge and Sky Bar),那是一处可以浪漫地欣赏金巴兰海滩落日的好所在。

哪里住
MAP▶P130.B2 址 Jl. Bukit Permai Jimbaran, Badung 电(0361)846-6888 网http://www.starwoodhotels.com/lemeridien/property/overview/index.html?propertyID=3744 费154美元起(须另加21%税金)

❀ 穆利雅 The Mulia Bali

2013年在巴厘岛新推出的超大型海边度假村酒店。全酒店由3个品牌组成,一块是聚集大部分酒店设施的Mulia Resort;一块是拥有全海景套房,每间套房还有按摩浴缸的The Mulia;还有其中最奢华的Mulia Villas,拥有私人泳池、管家、独立入口及大厅,3个品牌各自拥有不同等级的住房设备,其现代风格在巴厘岛的旅游市场掀起巨浪!

哪里住
MAP▶P128.B4 址 Jl. Raya Nusa Dua Selatan, Kawasan Sawangan, Nusa Dua, Badung 电(0361) 302-7777 网http://www.themulia.com 费290美元起(须另加21%税金)

Chapter 1 认识巴厘岛篇

❈ W度假酒店 W Retreat & SPA Bali Seminyak

以国际都会时尚感著称的W，利落无比的钢骨架构和丰富大胆的色彩，成功营造出时髦的公共空间，流线型泳池畔的浮台、帐篷里，都放置了舒适的懒骨头躺椅，走到哪里都可以立即躺或卧，十分惬意。每天黄昏，大厅附近就像是开派对一样，放松身心的Lounge Music与垂手可得的饮料、小酒，呈现欢愉、休闲的氛围。W也提供Villa的住宿，低调奢华的设计空间内，包括了私人泳池、客厅、庭院、卧室等完善设施，让旅行更高格调地呈现。

哪里住
MAP▶P126.A1 址 Jl. Petitenget,Kerobokan, Seminyak, Badung
电 (0361)473-8106 网 http://www.starwoodhotels.com/whotels/property/overview/index.html?propertyID=3221 费 双人花园套房400美元起（须另加21%税金）

❈ 圣瑞吉酒店 The St. Regis Bali Resort

酒店位于清澈的努沙度瓦海岸旁，细腻、精致的经营方式，一直获得高端旅客的赞赏。酒店房型分为住宿套房与庭园Villa别墅，空间设计融合亚洲许多国家的风格，充满东方神秘色彩，亲切、热诚的服务更是有目共睹。酒店的Boneka餐厅提供精致的早餐，每周日的香槟早午餐更是一位难求，King Cole Bar提供远近驰名的血腥玛丽(Bloody Mary)，这款鸡尾酒即是源自于纽约的瑞吉酒店。

哪里住
MAP▶P128.B4 址 Kawasan Pariwasata, Lot S6, Nusa Dua, Badung
电 (0361)847-8111 网 http://www.starwoodhotels.com/stregis/property/overview/index.html?propertyID=1708 费 瑞吉套房697美元起（须另加21%税金）

❈ 阿里拉乌鲁瓦图别墅酒店 Alila Villas Uluwatu

位于巴厘岛最南端的山崖边，拥有绝佳断崖景观以及360度印度洋美景，以环保、自然的概念为饭店轴心，空间设计以灰、黑、棕、白等自然原色为主，SPA中心所使用的芳疗素材都属有机，酒店所使用的家具、用品、餐厅食材大多采用当地生产。别墅，现代主义的设计风格，让旅人对其产生丰富的想象，依照客人需求所量身打造的24小时贴身管家服务亦深受好评。

哪里住
MAP▶P133.B2 址 Jalan Belimbing Sari, Banjar Tambiyak, Desa Pecatu, Badung 电 (0361)848-2166 网 http://www.alilahotels.com/uluwatu 费 单房别墅720美元起（须另加21%税金）

051

❈ 爱雅纳度假村酒店 Ayana Resort

悬崖边的绝佳地理位置，坐拥金巴兰湾及印度洋的壮丽美景，爱雅纳酒店的设计及服务屡次获得国际大奖，海景别墅、Thalasso SPA中心，以及可以观赏印度洋的Aquatonic Pool水疗池都极负盛名。另外，酒店所属的"岩石酒吧"位于悬崖下，每天金巴兰海湾上的印度洋落日美景总吸引无数旅人到此一览。

哪里住
MAP ▶ P130.B2　址 Jl. Karang Mas Sejahtera Jimbaran, Badung　电 (0361)702-222　网 http://www.ayanaresort.com　费 豪华套房259美元起，单房别墅766美元起。（须另加21%税金）

❈ 乌布肉桂酒店 Kayumanis Ubud

乌布肉桂酒店位于隐秘的村落深处，在巴厘岛几家肉桂酒店里最有气氛，酒店沿着爱咏河畔打造，在肉桂树林中共有23间不同大小、设计内容的Villa别墅，以及位于河谷上方的餐厅及SPA中心，流水、风、动物……各种自然声响，给顾客难以言喻的大自然感动，加上专业尽心的管家服务，游人趋之若鹜。

哪里住
MAP ▶ P138.A3　址 Kayumanis Ubud Private Villa & SPA Sayan Village, P.O. Box 777 Ubud, Gianyar　电 (0361)972-777　网 http://www.kayumanis.com　费 单房别墅688美元起（须另加21%税金）

❈ 宝格丽酒店 Bvlgary Hotels and Resorts

宝格丽酒店拥有气势磅礴的断崖景观，悬崖下方则是一处必须搭乘特制缆车方可到达的海滩。在47栋Ocean View Villa中，有8栋面海的Ocean Cliff Villa、3栋占地三四百平方米的双房别墅，以及1栋占地1300平方米的双房宝格丽别墅。每座别墅里都拥有设计精致的各项设施，包括泳池、发呆亭、白日梦床、网络、音响、电视等。

哪里住
MAP ▶ P133.A2　址 Jalan Goa Lempeh, Banjar Dinas Kangin - Uluwatu, Badung　电 (0361)847-1000　网 http://www.bulgarihotels.com　费 单房别墅880美元起（须另加21%税金）

❈ 四季酒店 Four Seasons Resort

金巴兰四季酒店位在金巴兰湾旁的山丘，可远眺金巴兰湾海景，拥有147间至少200平方米大的独栋别墅。而沿着爱咏河谷建造的"乌布山妍四季"，42幢别墅与18间套房盖在荷花池与森林树丛间，深具遗世独立之美。

哪里住
金巴兰四季　MAP ▶ P130.B2　址 Four Seasons Resort Bali at Jimbaran Bay Jimbaran Kuta Selatan, Badung　电 (0361)701-010　网 http://www.fourseasons.com/jimbaranbay　费 单房别墅680美元起（须另加21%税金）
乌布山妍四季　MAP ▶ P138.A1　址 Four Seasons Resort Bali at Sayan Sayan Ubud, Gianyar　电 (0361)977-577　网 http://www.fourseasons.com/sayan　费 单房别墅680美元起（均须外加21%税金）

Chapter1 认识巴厘岛篇

2.私人Villa

拥有专属的厨师、佣人、司机以及休旅车等顶级服务Villa，一直是巴厘岛最负盛名的住宿选择，私人Villa通常位于风景秀丽的海边或是山崖，视房间情况可入住2～10人，大家一起分摊费用，平均下来比星级酒店还划算，还可以享受更私密的住宿品质。

> **Tip 预订私人Villa**
>
> 巴厘岛的私人Villa很多，这里所介绍的私人Villa包括了机票、厨师、佣人、机场接送及每天兼有司机服务的休旅车，建议在巴厘岛私人度假别墅网站预订。

❀ 海湾之丘别墅

坐落在巴厘岛南部海岸的布基山丘上，拥有一望无际的金巴兰湾海景，前往金巴兰海湾的白色沙滩或美味的海鲜市场，都只要几分钟的车程。别墅本身占地800平方米，设计风格精致时尚，兼具全空调、发呆亭、泳池等让人感到舒适放松的设备，让人流连。

哪里住
MAP ▶ P130.B3　网 http://www.balivillas.com.tw/?mod=villas&detail&id=136　费 4房别墅8人同行，每人约人民币900元

❀ 月未央别墅

位于乌鲁瓦图神庙附近的山丘上，日夜可俯瞰印度洋带来的浪潮，别墅设计为大片玻璃窗户，将室内视线延伸，形成360度透视的壮观场面，将森林、大海、高山美景一次纳入眼帘，占地2000平方米，包含1座15米长的泳池，开放式的客厅、餐厅、现代化的厨房，4间舒适的景观卧房，有的还配置有按摩浴缸，最多可同时入住8人，非常适合用来举办婚礼及宴客。

❀ 乌鲁瓦图海滨冲浪别墅

位于乌鲁瓦图神庙旁的断崖上，在别墅的前院可观看巴厘岛最南端的落日景致，断崖下即是世界级冲浪好手都极度推崇的冲浪地点。拥有3间舒适简单的卧房，最多可容纳6人入住，与世隔绝的先天优良条件，加上幽静恬淡的海滨风情，提供给厌恶都市嘈杂、纷乱的人们一个非常适合的度假地点。

哪里住
MAP ▶ P133.A1　网 http://www.balivillas.com.tw/?mod=villas&detail&id=121　费 4房别墅8人同行，每人约人民币500元起

哪里住
MAP ▶ P133.A2　网 http://www.balivillas.com.tw/?mod=villas&detail&id=19　费 3房别墅6人同行，每人约人民币900元起

❈ 须尽欢别墅

位于最时尚的塞米亚克区，占地 670平方米，由3座凉亭风格建筑所组成，1座是吧台式厨房、1座是面对泳池美景的用餐区，还有1座则是由长型白色沙发组成的开放式客厅，充满殖民风格的建筑，L形的豪华泳池，舒适的家具，慵懒的风情，在微风吹徐时，任谁都禁不住赞叹人生美好！

哪里住
MAP▶P126.A2 网http://www.balivillas.com.tw/?mod=villas&detail&id=113 费4房别墅8人同行，每人约人民币700元起

❈ 云间月别墅

位于塞米亚克的中心地带，步行就可抵达知名的餐厅及酒吧，或是拥有壮丽日落景观的冲浪海滩。这块由4幢2层楼别墅组成的别墅群，全部共拥有13个房间，搭配上热带花园、浪漫泳池、发呆亭，还有开放式厨房、餐厅、客厅，可说是一应俱全。

哪里住
MAP▶P126.A2 网http://www.balivillas.com.tw/?mod=villas&detail&id=141 费1号别墅，6房12人同行，每人约人民币600元起。2号别墅，4房8人同行，每人约人民币450元起。3号别墅，4房8人同行，每人约人民币450元起。4号别墅，3房8人同行，每人约人民币600元起

❈ 碧涛别墅

碧涛别墅紧邻沙努北部海滩，蔚蓝的海洋美景尽收眼底，除了别墅主建筑的3间舒适套房外，还有1个独立区域，占地700平方米，里面有间充满复古装歌洛木屋(Joglo House)，是古代爪哇贵族的专属建筑形式，木屋内设有开放式客厅、餐厅和简单的小厨房，以及独立的小花园、泳池和赏景平台。

哪里住
MAP▶P136.A1 网http://www.balivillas.com.tw/?mod=villas&detail&id=107 费4房别墅8人同行，每人约人民币550元起

❈ 德瓦他豪华别墅

位于塞米亚克大街旁的深邃小巷内，宝蓝色的梦幻泳池搭配热带花园，设计雅致舒适，2幢别墅的每间房间都有独立卫浴设备。优越的地理位置，可以随意切换闹区的繁华热闹与巷弄内的静谧优雅，对于在餐厅、夜店与血拼景点聚集的第一观光区，十分难得。

哪里住
MAP▶P126.C2 网http://www.balivillas.com.tw/?mod=villas&detail&id=11 费1号别墅，4房8人同行，每人约人民币600元起。2号别墅，5房10人同行，每人约人民币550元起

❋ 乌布艺术家别墅

这是栋简单朴实的别墅，称不上豪华，但位居乌布最负盛名的爱咏河谷上，丰富壮丽的河谷景观，甚至胜过地势较低的5星饭店山妍四季与阿曼，加上乌布丰厚的艺术人文气息，带给你一场与大自然共舞的气质假期。

哪里住
MAP▶P138.A1 网http://www.balivillas.com.tw/?mod=villas&detail&id=7 费3房别墅6人同行，每人约人民币550元起

❋ 马哈马别墅

位于一处纯朴的海滨村庄，室内设计以黑色为主调，搭配细致对称线条，让整体呈现优雅质感。卧室与客厅以18米长的游泳池为中心，加上宽敞的热带花园，还有设备完善的厨房，两间主卧室分别朝西面东，取名为日出套房、日落套房，前者俯瞰位于海滨的印度教寺庙，后者则拥有直面海洋的广阔视野，十足奢华。

哪里住
MAP▶P126.A1 网http://www.balivillas.com.tw/?mod=villas&detail&id=140 费5房别墅10人同行，每人约人民币500元起

❋ 风之崖别墅

位在乌鲁瓦图断崖，可一览布基半岛及印度洋美景，开放凉亭式的用餐空间更是备受好评，挑高设计、抛光大理石地板、实心柚木家具、12人座椅等，无论是与三五好友在此享受下午茶时光，或与家人在夕阳西下时来杯鸡尾酒畅快谈心，都是十分具有生活品位的事。

哪里住
MAP▶P133.A1 网http://www.balivillas.com.tw/?mod=villas&detail&id=139 费5房别墅10人同行，每人约人民币1159元起

3.特色美景旅宿

在巴厘岛,你可以找到同时拥有美景、历史、艺术等元素的美丽旅店,更难能可贵的是,它还并不仅限于人挤人的观光热点,或是高档奢华难以亲近的价位,这些位于山林乡野的美宿,气氛静谧朴实,却有无限感动,绝对值得你花较多的交通时间前去一探究竟。

❈ 透耶得法霞温泉露营度假酒店 Toya Devasya Resort and SPA

酒店位于透耶本嘉村子中央的湖边,其温泉游泳池池水是引自湖底冒出的地热温泉,对外开放,一般游客皆可使用,若想在此过夜,这里也提供豪华帐篷出租,你可以整晚自巴度尔湖畔仰望浩瀚星空。旅店也提供巴杜尔周边行程,包括天葬村落楚伦样之旅、巴杜尔火山日出健行之旅、阿邦火山健行之旅。

哪里住

MAP ▶ P142.B2 址 Jalan Puri Bening (STA), Toya Bungkah - Kintamani, Bangli 电 (0366)51204 时 温泉泳池营业时间:每天08:00-20:00 网 http://www.toyadevasya.com 费 泳池入场6～12岁孩童Rp.100 000,大人Rp.150 000。帐篷露营Rp.600 000～Rp.800 000

❈ 塔巴南的巴厘岛民宿计划 Bali Homestay Program

这场民宿计划,是由巴厘岛的瓦扬·苏温达(Wayan Suwendra)在他的家乡塔巴南尼斯村(Ngis)的自家宅院中所经营的民宿出发,行程通常分成4天3夜或3天2夜,全程由瓦扬使用流利的英语介绍,你会跟着瓦扬的家人一起作息、用餐、拜拜,白天你会有机会到村子附近的稻田、果园认识农作物、田边祭祀的神祇,或是速坝克灌溉系统,以及参访塔巴南境内名胜(如海神庙、嘉帝路维梯田、阿韵神庙等),你也可能会一不小心踩进稻田边的烂泥,不过那绝对会是你一辈子最难忘的回忆。

哪里住

MAP ▶ P146.A2 址 Br. Ngis Kelod 48, Desa Jegu Penebel, Tabanan 电 0817-0671788 网 http://www.bali-homestay.com 邮 balihomestayer@yahoo.com、homestaybali@hotmail.com 费 4天3夜215美元/人起、3天2夜185美元/人起,含机场接送

❈ 鹿岛梦想度假村酒店 Mimpi Menjangan Resort

位于巴厘岛西部国家公园外围的海湾村落班由维丹,酒店周围是红树林海湾,旁边就是前往鹿岛的观光船码头,船程约30分钟,因此具有潜水、温泉、SPA等功能,加上可远眺爪哇岛西部高山美景,是一处难得的旅行休息处。

哪里住

MAP ▶ P154.A1 址 Mimpi Resort Menjangan, Banyuwedang, Buleleng 电 (0362)94497 网 http://www.mimpi.com/mimpi-menjangan.asp 费 帕笛欧卧房每晚98美元起

Chapter 1 认识巴厘岛篇

4.平价旅馆精选

除了星级顶级酒店、私人Villa、美景旅宿外,在巴厘岛也有平价连锁酒店,价格亲民且风格活泼,因此吸引了许多年轻族群,或是想降低预算的旅人,加上酒店连锁分布在巴厘岛的各个主要观光区,对喜欢多样选择的观光客来说,这更是一大福音。

❈ 哈力斯酒店 Harris Hotels

哈力斯酒店是印度尼西亚的全国连锁酒店,形象清新、活泼,很受年轻市场喜欢,近年在巴厘岛的不同地点开设了许多分店,包括库塔区的图班、库塔河、库塔海滩、日落大道以及金巴兰山丘等地,平易近人的房价,房间设计简单干净,对于想节省旅费的游客来说,是不错的选择。

图片提供／Harris Hotels

哪里住

网 http://www.harrishotels.com 费双人房每晚36美元起 ●图班店 MAP▶P123.B4 址 Jl. Dewi Sartika, Tuban, Badung 电(0361)936-5255 ●库塔海滩店 MAP▶P123.C3 址 Jl. Pantai Kuta, Kuta, Badung 电(0361)753-868 ●日落大道店 MAP▶P123.C2 址 Jl. Pura Mertasari, Sunset Road, Kuta, Badung 电(0361)894-7001 ●库塔河店 MAP▶P123.B4 址 No. 62A, Jl. Raya Kuta, Badung 电(0361)761-007 ●金巴兰店 MAP▶P130.B3 址 Jl. Raya Uluwatu 2000 X, Ungasan Kuta Selatan, Jimbaran, Badung 电(0361)846-8777

❈ 法维酒店 Fave Hotels

法维酒店是印度尼西亚的连锁饭店,在马来西亚也有分店,在巴厘岛则拥有登巴沙、乌马拉斯、塞米亚克、库塔快速

道路、库塔广场等5家分店。塞米亚克区的分店,位于烫青菜街的酒吧旁,交通十分便利,尤其是对于想泡在热闹酒吧的旅客来说,更是方便得不得了。旅馆精致整洁,酒店人员服务友善,每天还附有简单的自助早餐,是一处便宜又方便的住所。

哪里住

网 http://www.favehotels.com 费双人房每晚27美元起 ●塞米亚克店 MAP▶P126.C3 址 No. 9A, Jl. Abimanyu(Dhyana Pura), Seminyak, Badung 电(0361)739-000 ●登巴沙店 MAP▶P134.A4 址 No.175-179, Jl.Teuku Umar, Denpasar 电(0361)842-2299 ●乌马拉斯店 MAP▶P126.B1 址 No. 7, Jl. Raya Petitenget, Kerobokan, Kuta, Badung 电(0361)733-543 ●库塔快速道路店 MAP▶P123.C4 址 No. 999xx, Jl. Bypass I Gusti Ngurah Rai, Kuta, Badung 电(0361)846-4618 ●库塔广场店 MAP▶P123.B4 址 No.8, Jl. Khayangan Suci, Kuta, Badung 电(0361)846-5959

Tip 其他推荐平价酒店

●绿洲酒店Oasis Lagoon MAP▶P136.B2 址 No. 136 A, Jl. Danau Tamblingan, Sanur, Denpasar(沙努)电(0361)282-264 网http://www.theoasislagoon.com 费66美元起 ●特高纱丽Tegal Sari Ubud MAP▶P138.B4 址 Jl. Hanoman Padang Tegal, Ubud, Gianyar(乌布)电(0361)973-318 网 http://www.tegalsari-ubud.com/enhanced/index.php 费Rp.300 000+10%税金 ●星光酒店Star Light Villa MAP▶P152.B1 址 Dn.Banyualit, Ds.Kalibukbuk, Jl. Starlight, Lovina, Singaraja, Buleleng(罗威那)电(0362)700-5271 网http://www.starlight-bali.com 费82.5美元 ●Reef Seen Divers' Resort MAP▶P154.A1 址 Desa Pemuteran, Gerokgak, Singaraja, Buleleng(佩母特兰)电(0362)93001 网http://www.reefseenbali.com 费Rp. 350 000起 ●湖畔小屋Lakeside Cottage MAP▶P142.B2 址 Toya Bungkah, Kintamani, Bangli(巴度尔湖)电(0362)51249 注无网站,此旅馆非常简陋,但风景非常美 费Rp.300 000起 ●帕丹拜海滩旅店Padangbai Beach Resort MAP▶P148.A2 址 Jl. Pantai Silayukti, Padang Bai, Amlapura, Klungkung(帕丹拜)电(0362)42088 网http://www.padang-bai-beach-resort.com 费52美元起 ●普瑞威拉度假村Puri Wirata Dive Resort MAP▶P148.B1 址 Puri Wirata Jl. Raya Bunutan, Amed, Karangasem(阿美)电081-338-405-335(手机)网http://www.puriwirata.com 费Rp. 550 000起 ●Hidden Paradise Cottages MAP▶P148.B1 址 Lipah Beach Amed, Karangasem(阿美)电(0363)23514 网http://www.hiddenparadise-bali.com 费75美元起 ●Alam Asmara Dive Resort MAP▶P148.B2 址 Jl. Raya Candidasa, Candidasa, Karangasem(泉帝搭萨)电(0363)41929 网http://www.alamasmara.com 费83美元起

057

Chapter 2
彻底准备篇

七大步骤顺利出国！

准备工作流程表

步骤 1 收集情报
出发前先从旅游书籍、网站、观光局等查询巴厘岛旅游的相关情报，吸取前人的经验，并了解当地旅行的注意事项。
▶详见P.060

步骤 2 规划行程
对当地有清楚的概念之后，依照旅游天数、预算或节日，来规划详细的旅游行程。
▶详见P.064

步骤 3 准备证件
护照与签证是出国最重要的证件，没有护照、护照有效期限在半年以内，或是护照过期，一定要记得提早办理。中国游客旅游巴厘岛在抵达机场时，以有效的中国护照办理落地签证，下飞机后循指示牌前往落地签证柜台(Visa On Arrival)缴费办理即可，手续简便。
▶详见P.066

符号代表讯息

地 地点位置　址 地址　电 相关电话　时 营业时间　网 相关网址　票 参观门票　费 费用　交 交通方式　注 备注事项

步骤 4
购买机票

先查好航空公司与航班时刻，再通过旅行社、票务中心或航空公司等网站，比较机票价钱，注意各家航空及旅行社的优惠信息，可以省下更多旅费。

▶详见P.068

步骤 5
预订住宿

确认好出国时间后，就可以依照预算和需求，通过网络、电话或传真预订旅馆，也可通过旅行社代订。尤其在旅游旺季时，一定要确定住宿再出发，千万不要到当地才拖着行李找酒店。

▶详见P.072

步骤 6
准备旅费

巴厘岛一般物价水准虽然相对较低，但在Villa、度假饭店以及各游乐场所，仍需一定的消费，事先算好所有费用，研究节省开支的妙方，让旅游预算更充足，才能玩得更尽兴。

▶详见P.076

步骤 7
打包行李

巴厘岛气候炎热，无须携带厚重的衣物，但切合当地旅游功能的衣物还是要带齐。特别要注意印度尼西亚海关的法令，属于违禁品的东西切勿携带。

▶详见P.078

收集情报
开始出游巴厘岛的第一步

1 挑选旅游书

在当地政府的强力建设推动下，巴厘岛每天都有不同的进步与改变，让人目不暇给。所以在规划游程时，参考旅游书一定要挑选内容新且活泼实用的才行。

巴厘岛5天4夜
旅游教育出版社出版

《巴厘岛5天4夜》以6个巴厘岛5天4夜的建议玩法为始、35张详尽的地图和交通串联方式为主、景点和吃喝玩乐资讯为辅，强调亲切实用的自助旅行路线规划。在清楚明了的分区地图上，用拉线将景点和吃喝玩乐的资讯连在一起，并搭配点到点之间的交通方法，方便带着此书行走的旅行者。本书主要介绍了以下内容：库塔、雷吉安、水明漾、海神庙、乌布市区、乌布周边、内卡艺术博物馆、金巴兰、乌鲁瓦图、努沙杜瓦、沙努、登巴萨、中部艺术之旅、东部海岸遗迹、北部自然生态、巴厘岛饭店与别墅精选、曼妙的巴厘岛舞蹈。

与同类旅游图书相比较，从内容上看，本书资讯丰富，内容全面，既有旅游资讯，又有消费娱乐资讯，可以满足旅行者全方位的需求；从编排上看，本书结构清晰有条理，较为新颖，符合一般旅游图书的市场需求；从语言表达上看，活泼生动，具有较强的可读性；从装帧上看，本书图片精美，版式设计美观有创意。总体而言，本书是一本不错的旅游指南，可以满足旅游者全方位的需求。一书在手，旅游巴厘岛不用愁。

Tip 巴厘岛旅游相关APP

APP盛行的现在，善用您的智慧型手机也能获得多样的旅游资讯。

巴厘岛攻略（中文）

这个APP包括了简介、美食、住宿、景点、娱乐活动、购物、交通、推荐行程、出入境、其他、问答等部分，可用来作为在巴厘岛旅游期间的参考，唯一的小缺憾是资料不多，但也大致囊括了旅行时所需要的内容。APP搜寻"巴厘岛攻略"（简体输入），免费下载。

旅人网——巴厘岛旅游（中文）

拥有丰富的巴厘岛资讯，内容包含体验、美食、景点、购物、交通、路线推荐、住宿等项目，除了可作为第一次前往巴厘岛前的参考资料，更适合没有事先规划想要临时找个景点、餐厅的人使用。APP搜寻"巴厘岛旅游——旅人"（简体输入），免费下载。

Chapter2 彻底准备篇

② 推荐网站

要规划到巴厘岛的游程，除了购买旅游书来参考，上网搜集资料也很重要，从官方网站或部落格中撷取他人经验，可以让自己的巴厘岛之行更加出色。

○ 巴厘岛旅游局（英文）
http://www.balitourismboard.org

由巴厘岛旅游局制作的网站，内容涵盖巴厘岛人文、地理及艺术等相关介绍，也有许多著名景点、餐厅、旅馆的名录，适合对巴厘岛比较陌生的人初步了解并查询资料。

○ 携程旅行网（中文）
http://www.ctrip.com

作为中国领先的线上旅行服务公司，携程旅行网成功整合了高科技产业与传统旅行业，向超过9000万会员提供集酒店预订、机票预订、度假预订、商旅管理、特惠商户及旅游资讯在内的全方位旅行服务，被誉为互联网和传统旅游无缝结合的典范。

携程的度假超市提供近千条度假线路，覆盖海内外众多目的地，是中国领先的度假旅行服务网站。VIP会员还可在全国主要商旅城市的近三千家特惠商户享受低至六折的消费优惠。

○ 去哪儿网（中文）
http://www.qunar.com

去哪儿是中国领先的旅游搜索引擎，目前全球最大的中文在线旅行网站。去哪儿网为消费者提供机票、酒店、度假产品的实时搜索，并提供旅游产品团购以及其他旅游信息服务，为旅游行业合作伙伴提供在线技术、移动技术解决方案。

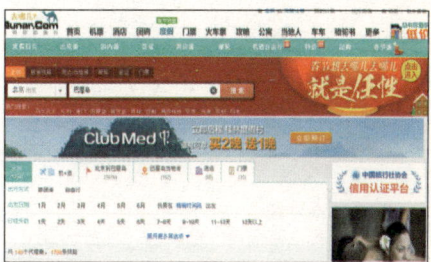

○ 巴厘岛私人度假别墅粉丝团（中文）
https://www.facebook.com/balifans

专门经营巴厘岛私人别墅的业者脸书粉丝团，除自家旅游专案推荐外，也有不少巴厘岛各类信息、新鲜玩意儿介绍，加上资讯更新快速，至今已吸引上万名粉丝加入。加入该粉丝团后，最新鲜巴厘岛吃喝玩乐信息就会不定期出现在你的脸书动态时报页面。

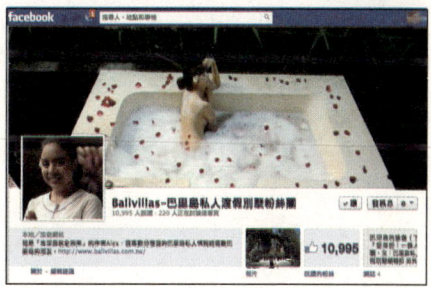

◯ 巴厘岛旅游小记（中文）
http://www.yoyobali.com

巴厘岛旅游小记是个有些年纪的巴厘岛讨论版，里面的巴厘岛信息很丰富，详细简洁的分类让你一目了然便于利用，讨论版则网罗各界巴厘岛玩家的经验与想法分享，另有经营巴厘岛旅游的业者专区提供相关旅游服务。

◯ 巴厘岛私房旅行秘笈（中文）
http://www.weibo.com/balivillas

微博是近年来非常流行的中国式社交网站，在微博里的"巴厘岛私房旅行秘笈"同样提供许多针对中国游客的巴厘岛旅游相关资讯。这里经常分享巴厘岛的私房景点及吃喝玩乐信息，从高档到低档、从奢华尊贵到背包客，不同的人都可在此找到最适合的巴厘岛旅游资讯。

3 旅游情报

巴厘岛旅游情报中心虽不普遍，不过有很多当地旅游业者提供相关旅游咨询服务。此外，观光客聚集的热门景区都有地图、杂志等可免费索取，是巴厘岛旅游期间最主要的旅游情报来源。

◯ 白金秘书（中文）

万事达卡和中国银行、招商银行、交通银行等推出的白金秘书，是为中高端客户精心设计的私人贴身管家服务，提供全球商务旅行助理、高品位餐饮助理、高雅文化艺术和体育活动助理服务等，包括机票、酒店、租车查询和预定，全球奢侈品采购服务，全球餐饮预订服务。

白金秘书专线
- 中国银行白金客服专线：40066-95569
- 交通银行白金客服专线：4008-666-888
- 中国农业银行白金客服专线：400-619-5599
- 招商银行白金客服专线：400-888-5555
- 中国建设银行白金客服专线：400-62-95516
- 万事达卡国际组织白金秘书电话：中国800-830-9791

◯ 哈罗巴厘 Hello Bali（英文）

巴厘岛当地非常具代表性的杂志，以时尚观点及编排手法报道最新流行的酒店、Villa、餐厅及生活样貌，每月出刊1次，须花钱购买，但很多酒店、餐厅、SPA中心、咖啡厅都免费提供顾客阅读。

敲杂志
The Beat Magazine（英文）

很容易在机场、各大百货公司、旅客资讯中心、餐厅拿到的免费杂志，也可线上阅读。双周发行的The Beat是本非常详细的夜店指南，告诉你接下来两周内的Party、化装舞会、知名驻场DJ等夜店狂欢情报，如果你是夜店家，到了巴厘岛手上千万要有本最新的The Beat。

🌐 http://beatmag.com/bali

乌布生活杂志
Ubud Life Magazine（英文）

顾名思义，这本杂志以乌布这个充满性灵及艺术的小镇为主题，可免费在乌布许多餐厅或旅游景点拿到。乌布虽然没有像南部的库塔、水明漾那般多姿多彩，不过，通过这本杂志，你会发现到乌布拥有许多细致的生活风貌及活动，观光客更可以通过这杂志去了解乌布丰硕的文化背景与感性的生活形态。

🌐 https://www.facebook.com/ubudlifemagz

更多巴厘 Bali Plus（英文）

Bali Plus同样免费可在机场、各大百货公司、旅客资讯中心、餐厅拿到，也提供线上阅读。Bali Plus内容较适合一般观光客，巨细无遗地告诉你巴厘岛有哪些好玩、好吃、好买的消费资讯，里面还包括一些巴厘岛当地民俗活动、节庆的行事历，以及各个不同区域的景点或商店、餐厅简介，每月发行1次。

🌐 http://baliplus.com/home

巴厘广告人 Bali Advertiser（英文）

这是以巴厘岛当地外国人为主的广告报纸，每月发行1次，厚厚内容都是与巴厘岛日常生活息息相关的商业广告，范围包罗万象，除了一些厂商、公司资讯外，也有很多餐厅、游乐场所、酒店、景点的促销介绍广告，免费提供，通常在机场、超市可拿到，也提供线上阅读。

🌐 http://www.baliadvertiser.biz

规划行程

规划一场完美的巴厘岛旅行

1 列必访清单

每一个人心中都有一张巴厘岛的必访、必吃清单,只要有计划、有准备,把相同区域的规划在一起,这样你就可以一一地完成必访清单上的每一件事了。

● 必玩景点

库塔海滩、塞米亚克烫青菜街、乌鲁瓦图断崖庙、金巴兰海滩、岩石酒吧、巴度尔火山(湖)、布拉坦湖湖水女神庙、海神庙、乌布王宫、乌布市场、嘉帝路维梯田

● 必吃美食

金巴兰海鲜、香料填鸭、酥炸脆皮鸭(脏鸭子)、巴厘岛皇室套餐、塞米亚克国际美食、欧卡妈妈烤猪饭、蛮酷妈妈辣鸡饭、美味沙嗲、巴东菜

● 必买好物

木雕、石雕、巴替蜡染衫、独立设计师名牌商品、巴厘岛黄金咖啡、准嘎拉陶瓷、手工艺品、仿画作、SPA精油、手工肥皂、沙龙布

2 按天数规划

每个人旅行的方式不一样,有的人喜欢走遍千山万水,有的人喜欢用背包客那种经济但是深入的方式,由于航空公司提供给旅行社较优惠的机票大多都是规划为5天、6天、7天、8天的票期,也因此大部分前往巴厘岛的行程会配合规划成5天、6天、7天、8天,不过如果时间充分,较长的时间也会是可以完全体验巴厘岛的选择。

● 5天

一般传统的巴厘岛旅游方式大约是规划5天,这样的行程通常包括了巴度尔火山、百度库湖水女神庙、乌布、海神庙、乌鲁瓦图断崖庙,以及南部的休闲地区如库塔、金巴兰、水明漾,本书第四章"经典精华5日游"就是这样的典范,大致可以在短短5日内游遍巴厘岛的精华。

● 5天以上

除了传统的必访行程外,还能有几天让自己放空,待在旅馆的泳池或海边;或是从第四章"达人行程篇"中选择单日的推荐行程来充实自己的旅程。天数足够的话,不妨把足迹更深入到东部、北部或西部等区域,探访更多一般旅人较少接触的巴厘岛,建议采用本书第四章"达人行程篇"的"奔向海角天涯14日游"行程将巴厘岛整个走一次,让自己的脚步遍踏巴厘岛每个角落,不管是采用经济型的背包客方式,或是要稍微豪华享受一些,全由你自己决定。

3 按预算规划

巴厘岛的旅游旺季在每年的复活节、7～8月寒暑假、圣诞节、跨年及中国新年,虽然这些时段的旅行成本比较高,可是当地饭店、餐厅针对节日所设计出来的气氛与活动也非常吸引人。你当然也可以挑选淡季前往,虽然气氛没有那么热络,却可以省掉很多花费,也可以有较多空间和机会针对当地的文化风俗进行更深入了解。

● 游巴厘岛的1天预算（1美元兑换人民币6.14元计算）

豪华型,约人民币2600元

- 住：5星级酒店（两人房：280美元,两人分摊,每人约合人民币860元）
- 吃：正餐（午、晚餐）吃知名餐厅、西式餐点、特色甜点（共100美元,零食消夜不计,约合人民币600元）
- 景点或博物馆门票：10美元,约合人民币61元
- 享受SPA疗程：100美元,约合人民币610元
- 交通：租用包含司机的休旅车＋油料费（约75美元,约合人民币460元）

中价位型,约合人民币700元

- 住：连锁型经济酒店（两人房：30美元,2人分摊,每人约合人民币92元）
- 吃：正餐（午、晚餐）小吃店、当地小吃（共15美元,约合人民币92元。零食消夜不计）
- 景点或博物馆门票：10美元,约合人民币61元
- 交通：租用包含司机的休旅车＋油料费（约75美元,约合人民币460元）

节省型,约合人民币250元

- 住：民宿（简单房间,共浴厕：每人20美元,约合人民币123元）
- 吃：正餐（午、晚餐）吃汉堡、街头小吃（共10美元,约合人民币61元。零食消夜不计）
- 景点或博物馆门票：免费（可以挑选一些免费的景点）
- 交通：Bemo或私营Shuttle Bus（约10美元,约合人民币61元）

4 按节日规划

巴厘岛有许多传统与国际性节日,当地都会配合举办各种活动或祭典,活动范围通常广及全岛,若抓准时机前往旅游,必可获得许多平常感受不到的体验与乐趣。

● 宁静日(Nyepi)

每年一度的宁静日,是巴厘岛上最大盛事。宁静日当天飞机禁止起降,任何人不准外出。宁静日前一天的欧哥欧哥游行(Ogol Ogol)是整个庆典的重头戏,通常旅行者会在宁静日前几天抵达,先参观每个村子准备欧哥欧哥（恶魔神）的忙碌景象,在欧哥欧哥游行当天则选定一个区域,到指定地点参加游行及比赛。

● 复活节、圣诞节、新年

这几个西方重要的节日,在充满观光客的巴厘岛自然少不了相关的庆祝活动,尤其圣诞节与新年通常都会有盛大的餐会、派对或跨年倒数活动。活动通常是在5星级酒店、餐厅或俱乐部里举办,唯一要注意的是预算,这些节日的住宿价格会比其他时间高出不少。

准备护照

行前第一步

1 办理护照

🌀 如何办理护照

到巴厘岛旅游要事先办理好护照，一般建议至少在出国前1个半月办理护照申请手续。

中国公民赴巴厘岛旅游或探亲访友、自费留学等，需办理因私普通护照。原则上中国护照发给16周岁以上中国公民。不满16周岁者，则随其父母或监护人公用一本护照，在必要时，也可为16周岁以下的儿童单独发相应的护照。

中国公民因私出国申领普通护照，须向本人户籍所在地县级以上公安机关出入境管理机构提出申请，递交申请材料，回答有关的询问并履行相关手续。

🌀 申办护照时间

办理护照所需的工作天数为：收到申请材料之日起15日内签发，偏远地区交通不便或特殊情况的，签发时间可延长至30日。

首次申请、换发、补发（不含丢失补发）护照，收费200元人民币，丢失补发护照再加收20元。

🌀 申办护照所需证件

一般人民（年满16岁）申办普通护照所需证件		
首次申办护照 （必须亲自办理）	申换护照	遗失补发
1. 近期免冠照片（白底彩色）一张。 2. 填写完整的《中国公民因私出国（境）申请表》。 3. 居民身份证和户口簿及复印件，在居民身份证领取、换领、补领期间，可以提交临时身份证和户口簿及复印件。 4. 未满16周岁的公民，应当由监护人陪同，并提交监护人出具的同意出境的意见，监护人的居民身份证或者户口簿、护照及复印件。 5. 国家工作人员提交本人所属工作单位或上级主管单位出具的同意出境的证明。	除提交首次申办护照规定的材料外，还应该提交原普通护照及复印件。	普通护照遗失或被盗的，可申请补发。申请时，除提交首次申办护照规定的材料外，应当提交报失证明和遗失或者被盗情况说明。

备注：白底彩色照片规格：不含边框，（直）48mm×（横）33mm，光面白色背景照片。

2 办理印度尼西亚签证

🔴 办理落地签证

持有效期6个月以上中国护照到印度尼西亚旅游，可以直接在巴厘岛办理落地签证，旅客不需要事先准备，只要确认自己的护照有效期即可。步骤非常简单，抵达机场后，到落地签证柜台排队办理，费用为25美元，缴费后会拿到1张落地签贴纸，再连同护照拿去证照查验就可入境，非常迅速方便。

🔴 办理一般印度尼西亚签证

若因非观光目的前往印度尼西亚，或是因特殊原因会在当地停留超过30天，则必须要事先于印度尼西亚驻华大使馆、印度尼西亚驻上海、广州总领事馆办理相关签证，相关规定可洽询印度尼西亚驻华大使馆、印度尼西亚驻上海、广州总领事馆。若是一般旅游观光，建议不须事先在上述使领馆办理签证，避免浪费过多时间成本。

印度尼西亚驻华大使馆 址 北京市三里屯外交人员办公楼B楼 电 86-010-65325488，传真86-10-65325368

印度尼西亚驻上海总领事馆 址 上海市延安路2299号上海世贸商城1607~1608室 电 86-021-52402321，传真86-021-32565627

领区：上海、浙江、江苏、安徽、江西

印度尼西亚驻广州总领事馆 址 广东省广州市流花路120号，东方宾馆西楼2层1201~1223室。邮编510016 电 86-020-86018772、86018790、86018850、86018870，传真86-020-86018773

领区：广东、广西、福建、海南

🔴 中国国际旅行社总社

成立于1954年，是目前国内规模最大、实力最强的旅行企业，是"中国企业500强"中唯一的旅游企业。在全球12个国家和地区拥有8家全资、控股的海外公司和签证中心，在全国有近700家门市网点，与100多个国家的1400多家旅行商建立了长期稳定的合作关系。提供出境跟团游、国内跟团游、出境自由行、国内自由行、邮轮、票务、自驾游、机票酒店、签证等全方位的旅游业务。

DATA

址 北京市东城区东单北大街1号国旅大厦 电 86-10-85228888 邮 admincn@cits.com.cn

🔴 白金秘书

万事达卡和中国银行、招商银行、交通银行等推出的白金秘书，是为中高端客户精心设计的私人贴身管家服务，提供全球商务旅行助理、高品位餐饮助理、高雅文化艺术和体育活动助理服务等，包括机票、酒店、租车查询和预订，全球奢侈品采购服务，全球餐饮预订服务。

白金秘书专线
中国银行白金客服专线：40066-95569
交通银行白金客服专线：4008-666-888
中国农业银行白金客服专线：400-619-5599
招商银行白金客服专线：400-888-5555
中国建设银行白金客服专线：400-62-95516
万事达卡国际组织白金秘书电话：中国800-830-9791

购买机票
利用网络订票便利又划算

越来越多旅客利用网络订购机票,只要有信用卡和护照号码,安坐家中就能轻轻松松订妥机位,而且网络订票系统还有比价功能,货比三家,有的时候比直接向旅行社订票更划算。

● 飞往巴厘岛的航班选择

北京到巴厘岛直飞航班约8个小时,上海直飞约7个小时,广州直飞约6个小时,在省钱的考量下,多花一点时间搭乘经第3地转机的航班也是一种选择,如国泰航空、香港航空、印度尼西亚航空,以及属于廉价航空的亚洲航空。不同的航空公司,转机时间也不尽相同,如果要顺便在转机地玩个几天,通常需要额外添加费用,因此对于航空公司的选择,不得不多费点心思,以下是针对几个航空公司的优缺点列表比较,提供参考。

● 北京、上海、广州飞往巴厘岛航班

出发地	目的地	航空公司	直飞/转机	航班数	出发地	目的地	航空公司	直飞/转机	航班数
北京	巴厘岛	东方航空	直飞,转机	每天数班	上海	巴厘岛	新加坡航空	转机	每天数班
		中国国航					香港航空		
		大韩航空	转机				国泰航空		
		印度尼西亚鹰航					港龙航空		
		香港航空			广州	巴厘岛	南方航空	直飞	
		国泰航空					新加坡航空	直飞,转机	
		港龙航空					厦门航空	直飞	
		亚洲航空					印度尼西亚鹰航	转机	
		新加坡航空					菲律宾航空	转机	
上海	巴厘岛	东方航空	直飞						
		南方航空	转机						

Chapter2 彻底准备篇

网络订票流程

- **Step 1** 输入计划出发日期、回程日期和同行人数。
- **Step 2** 网站会显示查询当时的行程和票价（如果是旅行社网站，则会出示所有航空公司航班）。
- **Step 3** 选择心仪的行程，点选"加入购物车"之类的选项。
- **Step 4** 确认机票票期、种类、退票或改期条件（这个阶段不能急）。
- **Step 5** 输入个人资料（联络资料、护照上的姓名、护照号码或个人出生日期、信用卡等。请务必仔细核对）。
- **Step 6** 部分网站会提供保险、订餐、线上划位等额外服务，可一并选购。
- **Step 7** 确认付款资料，即付款。

Tip 订票注意事项

- **机票有效期**：一般为7天、14天、1个月或1年期，价格根据停留时间增加。如打算长途旅行，须特别注意到机票有效期。
- **机票改期**：特价机票若要改期，手续费可能比机票价格更贵！

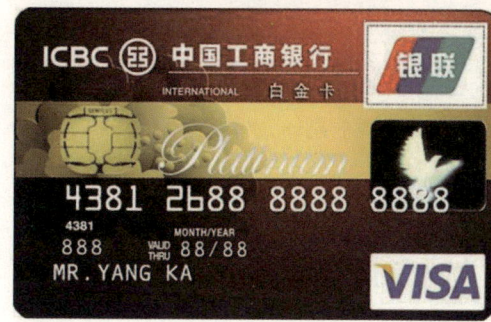

何时购买机票、善用信用卡

购买机票的时机会影响到价格和机位。巴厘岛的旅游旺季约在每年4—9月，寒暑假及农历春节期间，是中国旅客出国旅游的高峰期，机票票价也因此昂贵。若选择淡季前往，除了票价较低，航空公司和旅行社也会推出优惠套装方案，划算很多。

另外，也可善用信用卡与航空公司的结盟优惠，信用卡公司均提供刷卡购买机票可享高额旅游保险的服务，依照所持信用卡的等级，也有提供单趟免费机场接送或机场接送折扣等服务。

善用转机，聪明玩乐东南亚

从中国飞往巴厘岛的转机地多半在中国香港及新加坡、吉隆坡，转机等待的时间多半只要2～3小时，不至于过分疲惫，加上转机地的机场为满足来自全球各地的转机旅客，都提供了多元的美食与免税商店，部分航空公司更提供转机的过境优惠，如新加坡航空公司就提供了樟宜机场购物券及过境休息室内的多项免费服务，让旅客可以享受机场专属礼遇及多重优惠。

除了可短暂停留转机地，在机场内来趟小小的特色美食与购物之旅外，也可以选择入境该转机地，部分机票只要多支付机场税，就等于拿到1张飞到该转机地的免费机票，相当划算。不过，如果选择的是廉价航空，就要特别注意该航空使用的机场航站是不是特别规划给廉价航空专用，有些地方的国际机场设施很棒，但是规划给廉价航空专用的航站通常远在主要航站的另外一头，不但闷热、嘈杂，有时还颇混乱，虽然省到钱却破坏了游兴。

须特别注意的是机票票种的相关规定，有时在转机点停留超过时间，或是在转机点过夜，都会被航空公司视为另一区段的票种，会因此需要支付更多费用。此外，转机的机票价格同时也受到航空公司规定，以及出发、返回日期等因素的影响，刷卡购买机票前务必多多比较，免得花大钱又费时间，得不偿失。

订票网站

订票网站主要分为3类：航空公司网站、大型旅行社官网、比价网站。

航空公司网站

中国国航、南方航空、东方航空、印度尼西亚航空、国泰、亚航等大型航空公司的网站都推出机票、自由行套票等产品，会员订购除享有积分更可获独家优惠。

- 中国国航 🌐 www.aircha.com.cn
- 南方航空 🌐 www.csair.com
- 东方航空 🌐 www.baikebaid.com
- 国泰航空 🌐 http://www.cathaypacific.com
- 亚洲航空 🌐 http://www.airasia.com/tw/zh
- 印度尼西亚航空 🌐 http://www.garuda-indonesia.com/tw/tw/index.page
- 香港航空 🌐 http://www.hongkongairlines.com/zh_HK/homepage

中国大型旅行社

许多旅行社的网站都提供线上查询机位及机位价格的信息。

中国国际旅行社总社	中国旅行社
上海春秋国旅	中国青年旅行社
康辉旅行社	中信旅游总公司
招商局国际旅行社	北京神舟旅行社
中国和平国际旅游公司	中国妇女旅行社

机票比价网站

航空公司针对淡季或特殊时节，常会不定期推出促销机票，善用网络上的机票比价平台，就不难掌握机票特价的第一手资讯。但须注意的是，特价机票的价格虽然很低，却通常都会有搭乘航班、指定日期区间等限制，执行改期、退票、转让等变更动作可能要支付高额手续费（甚至完全不可变更）的使用规定，购票前须仔细确认。另外也可以选择提供转机服务的航空公司，虽然多了转机的手续，比起直飞花较多时间，但是有的时候票价也因此省了上千元，对于精打细算的旅客来说，不失是一个购买机票时的考量选择。

- Skyscanner http://www.tianxun.com

是将全世界所有的航空公司，包含廉价航空资讯都整合完整的国际比价平台，另外也提供航班搜索及旅馆和租车的服务，计价方式除可选择人民币外，也可选择该旅游地区的货币作为参考。

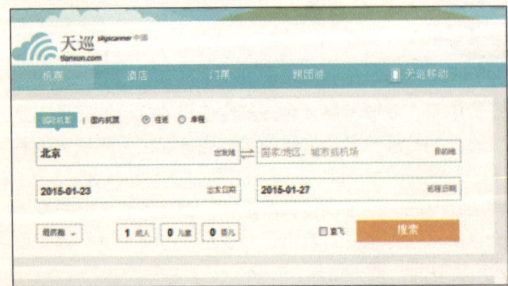

- Orbitz　http://www.orbitz.com

综合提供预订机票、酒店、游轮、租车及旅游组合等综合订票服务，而且还有多项打折资讯。

- 艺龙旅行网　http://www.elong.com

艺龙旅行网通过网站、24小时预订热线以及手机艺龙网、艺龙iPhone和Andriod无线客户端等平台，为消费者提供酒店、机票及旅行团购产品等预订服务。

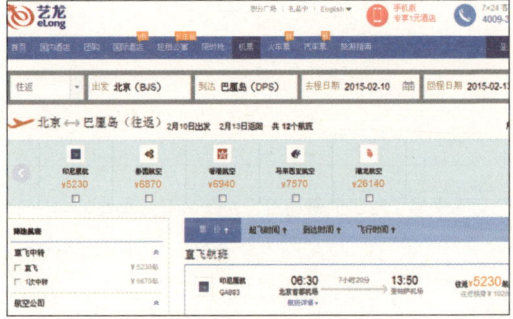

- Travelocity　http://www.travelocity.com

与Expedia类似，提供预订机票、酒店、游轮、火车票、景点门票、租车等服务，资讯丰富。

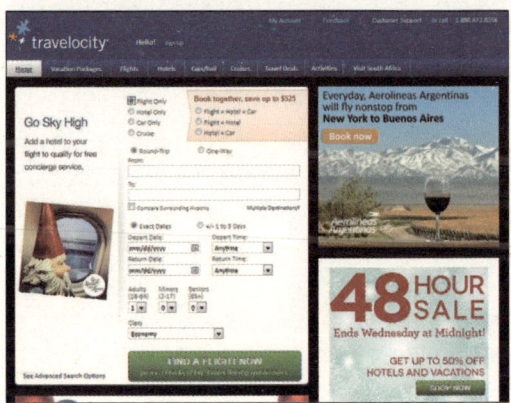

- TripAdvisor　http://www.tripadvisor.com

选定目的地后，点选"显示价格"，便可同时查看其他大型旅游网给的定价，轻松比价。可选中文界面。

- Priceline　http://www.priceline.com

除代订机票，还有"竞标"服务，只要给出可出行的日期范围，就可参与竞投，有机会抢到便宜机票，但须注意投到的机票无法取消。若旅行日期弹性，甚至可尝试"最后时刻"功能。

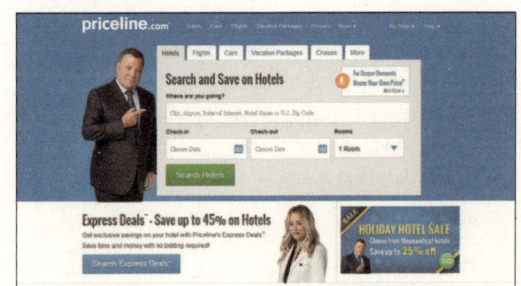

- 酷讯网　http://www.kuxun.cn

酷讯是中国领先的在线旅游搜索引擎，是全球最大旅游社区Tripadvisor旗下企业。酷讯机票搜索是一款国内领先的搜索引擎，独创的实时搜索数据处理平台-SWIFT系统，搜索范围覆盖3000多条航线、上百家机票代理商网站，用户能够实时查询国内外各城市之间的最新航班价格信息，为用户提供最低价、最省钱的出行方案。低价、省钱是酷讯机票搜索最大的特色。

预订住宿

从奢华到经济的巴厘岛旅馆

以奢华度假闻名的巴厘岛，其实不难找到住宿的地方，唯一需要先考虑的是预算与旅行目的。淡季通常会有一些促销，而旺季若事先销售不佳，旅馆业者也会针对空房较多的日期于一周或10天前推出促销房价，是捡便宜的好时机。若遇到特殊节日，许多知名的私人别墅或酒店会在半年甚至1年前就已经被预订一空，因此为了订到满意的旅馆或别墅，必须提早尽早订房，以免扑空。

● 通过旅行社订房

中国有许多经营巴厘岛私人别墅与奢华酒店的旅行社，通常会有针对代理旅宿所设计的机票加酒店或别墅的优惠套装自由行方案，一般称为"机+酒"。这些套装内容除了安排好机票和住宿外，可能还替旅客设想到抵达后的交通、接送、旅行保险等问题，甚至吃吃喝喝也可能有建议或安排，几乎囊括了旅行一切所需，因此若选择了此种方式，你所要做的就只是好好地去玩，没有导游、领队的唠叨，能享受属于自己的舒适旅行，却又不用费心。

Step 1　选择别墅、酒店

依喜好、预算、地区、人数、入住日期及欲选定的别墅或酒店告知旅行社，在网站上查询相关价格与内容，或是填妥询问单由承办人员查询报价。

Step 2　选择房型

一般别墅为整栋出租，视规模大小会有不同数量的房间；酒店则是以一个房间为订房单位。别墅和酒店的房型都有1张双人床(Double Bed)或2张单人床(Twin)两种，双人床房型又分标准双人床、Queen Size（加宽不加长）、King Size（加宽加长）等多种床型，每家别墅、酒店配备不一样。对于带小孩同行的家庭旅游，床型大小也会影响到住宿品质，最好在订房时询问旅行社承办人员，视情况以额外付费的方式加床。

Step 3　确认入住资料并付款

等候承办窗口回复，同步也跟旅行社确认好价格后，填妥旅行社网站的订房表格，附上信用卡资料由旅行社进行订房作业，此时须详读相关的订房条款，毕竟每家旅馆或别墅的订房规则不同，尤其是碰到出发日期可能变动的情形，部分旅馆（尤其有优惠时）退房须酌收高额手续费甚至不退费。通常旅行社会在订房确认后，以旅客提供的信用卡资料代为进行刷卡付款的动作。

Step 4　订房完成

订房确认后，旅行社会以传真或e-mail的方式发出订房确认信，旅客凭借确认信上的资料及个人护照前往巴厘岛的别墅、酒店入住。若是包括机票的套装自由行，旅行社通常会于出发前3～7天提供机票的订位代号及须知，让旅客直接前往机场搭机。

Chapter2 彻底准备篇

向酒店订房

酒店官网上常有限定优惠方案，也是订房的好选择之一。旅客可直接在官网上填妥个人及信用卡资料，直接进行订房，在几分钟内就可搞定，不过要注意阅读相关订房条款，一些优惠方案会有比较严格的限制，比方说无法取消或有日期限定，在预订时要多加留意。

通过订房网站

通过各大旅游网、订房网代为预订客房，同样可以取得比饭店牌价更优惠的房价，许多订房网也会推出优惠方案，同时，旅客也可以看到其他消费者对饭店的评语，作为选择参考。

Tip 网上订房注意事项！

1. 即使同一家饭店，在不同网站所提供的房价及优惠也会不同，建议可以多比较几家网站，找出最优惠的价格。建议加入会员可享有较多优惠。
2. 比较房价时，要注意是以"房间"还是以"人"为计价单位。另外，有些网站只显示未加上服务费和税金的金额，须点击进入下一道手续，才能看到含税价格。部分订房网站不提供人民币支付，若刷卡就会产生额外的手续费，也有汇差问题，订房前务必确认。
3. 决定订房时要仔细阅读条款，尤其要注意如何付费及取消预订的条件。每家网站取消订房的期限不尽相同，有些只要7天前通知取消就不会收任何手续费，但有些特殊优惠的房价，取消订房的条件就相对严格，例如入住前5天取消订房要收取几百元手续费，甚至一开始就标示取消订房不退款！若旅行的日期变动可能性大，千万要特别注意。
4. 完成订房手续后，记得将订房明细打印出来，至饭店check in使用。
5. 大部分全球性订房网站都要求事先刷卡付款，而订房刷卡都视同国外刷卡，因此会有额外的国外刷卡手续费，请注意！

网络聪明订房Step by Step

Step 1　登入订房网站

进入订房网站首页后，非会员先依照步骤加入会员，再点选注册，完成注册手续后返回订房主页面，通常会需要以个人电子邮件信箱登录。

Step 2　搜寻饭店

以城市、地标、饭店名称或地址搜寻，输入"巴厘岛"3字，并点选"入住和退房日期"，接着决定欲住宿的地区，系统就会展开饭店查找。

Step 3　选择饭店

完成搜寻，页面会显示所选地区、星级饭店介绍，包括位置及房价（人民币），还可利用左侧的星级、地区、景点地标、房型、设施、主题等选项做进一步筛选；点选符合需求的饭店看详细介绍，页面下方会显示已选房型的每晚价格及其他房型优惠；一一看完饭店介绍，确认欲订的酒店后，可点选页面上的"订房"，进入订房程序，点选所需的房间数，再键入欲入住的成人及儿童人数，最后确认入住、退房日期、金额后，进入结账程序。

Step 4　结账（旅客资讯）

输入会员电子邮件信箱和密码，完成登录后，在旅客名单输入资料，确认预订资料无误，点选网页下方的继续预订，进入刷卡步骤。

Step 5　填写账单资料

依步骤指示输入信用卡种类、卡号、到期日、姓名、账单地址及电话号码等，然后进入下一页面饭店条款，阅读后点选同意并订购，即完成订房。

注 一般的线上订房步骤仅供参考，每家系统略有不同。

推荐订房网站

站名	属性特色	网址
Agoda（安可达）	提供全球各地200 000多家饭店订房资讯，有38种国际语言线上服务。24小时线上皆有专员可答复订房相关问题。另外Agoda也与多家信用卡公司合作，推出刷卡享有订房价格5%～7%的折扣。	http://www.agoda.com
HRS全球订房网	一家有着40多年历史的全球领先的专业线上酒店预订网站，签约代理的超过25万家不同类型的酒店覆盖了全球180多个国家，供商务和私人旅行者自由选择。	http://www.hrs.cn
Asia Rooms	提供巴厘岛Villa、苏美岛海滩小屋、曼谷5星级酒店等多种选择及优惠方案。	http://www.asiarooms.com
Asia travel	提供亚洲地区住宿饭店预订，有购买机票、旅游套装行程、主题公园门票等服务。	http://www.asiatravel.com
Hotels.com	全球60多国，超过157 000家饭店订房服务，超过650万旅客住宿评论；除了有订房后找到同级更优惠的订房价格就退差额的机制外，只要加入Welcome Rewards的计划积分，1房1晚住宿可以获得1分，只要累积满10分就可以获得1晚免费住宿。若使用配合的信用卡刷卡也可享有10%的折扣。	http://zh.hotels.com
ratestogo	提供全球超过74 000家饭店的订房服务，每天有超过15 000间的最后1分钟优惠饭店预订，也有提供最低价格保证。但须注意的是除了只提前最多28天预订外，也有无法退房的问题。	http://www.ratestogo.com
Booking.com	提供全球356 633个住宿选择，除了在欧洲以独家与部分中小型酒店合作为其订房网站的优势外，另一最大优点是可以直接看到房价的含税价，缺点是没有积分回赠。	http://www.booking.com
Priceline	除了一般的订房住宿，用竞标方式订机票、旅馆及租车是该网站最大的特色，由旅客自己出价，Priceline会寻找愿意接受该出价的饭店，通常会有一般房价在5折以下70%的价钱。但须注意的是得标后就无法变更订房日期或退房。旅馆的选择方式是以区域区分，如果希望住宿地点是确定的某地段，因为不能事先预知竞标结果，故不适合用Priceline竞标。	http://www.priceline.com
LastMinute	同样也标榜最后1分钟优惠订房，其中的top secret hotel功能提供全球250家的4～5星级饭店的特价优惠。	http://www.lastminute.com
亚洲航空	由亚洲航空经营的订房网站，最大的特色就是不仅提供全球超过10万家饭店的住宿优惠，同时也搭配Air Asia航空的航班，推出机＋酒组合优惠。	https://www.airasiago.com
Expedia	号称全球最大的线上旅游网站，提供住宿、机票、租车、套装行程等订购服务，提供全球超过145 000间饭店的订房，也是唯一销售Air Asia航空机票及套装行程的旅行网站。使用配合的银行信用卡可另外享有10%的折扣。	http://www.expedia.com
Tingo	国际著名旅游网站TripAdvisor旗下的网络订房网站，提供了订房后追踪房价的功能，如果出现比当初订房时更低的价格，网站会自动重新订房，并且将差价退回信用卡。订房者不再需要担心订房后会出现降价的情况发生，相当方便。	http://www.tingo.com
HotelClub	相较于其他订房网站较高门槛的会员积分回赠，HotelClub没有复杂的奖励积分计算，即便使用HotelClub折扣代码订房也可以获得会员积分回赠，有效期也长达2年，另外刷Visa信用卡订房最高可享75%的优惠。	http://www.hotelclub.com
巴厘岛私人度假别墅及酒店订房网	最多巴厘岛私人、奢华酒店含机票套装自由行的预订网站，其都包括了厨师、佣人、司机、管家以及休旅车等服务，网站除了有详细的私人与酒店介绍，同时也有巴厘岛各地的吃喝玩乐指南与经验分享，要掌握巴厘岛最新吃喝玩乐讯息一定要经常造访此网站。	http://www.balivillas.com
世界民宿青旅网	可以搜寻世界各地经济民宿或青年旅馆的网站，虽然巴厘岛没有较具规模的青年旅馆，不过此网站还是可以找到一些私人经营的经济住所。	http://www.hostelworld.com

巴厘岛住宿类型

巴厘岛的住宿类型很多,要怎么选择旅宿,通常取决于你的预算与想要住的位置地点,每一类型的旅馆都有其基本特色及该类型应有的服务;若是一般的民宿,可能就只是很单纯地提供一个过夜的房间,但借由民宿主人及未经太多缀饰的环境,却可以让你充分体验当地人的生活文化。

私人别墅

巴厘岛以顶级的私人别墅闻名,一般分成私人别墅与酒店式别墅。无论哪一种,其中品质好的,都会包括有厨师、佣人、管家、司机及休旅车等服务,当然也配备有独立的热带花园与私人泳池,豪奢与享受自然不在话下。通过旅行社的"机+酒"套装方案,通常会比直接向酒店或别墅公司本身预订来得划算,也能享受更多便利的旅游服务。

民宿

民宿是巴厘岛住宿最基本的类型,很容易找到这种只出租1个房间甚至1个床位的居住类型,特点是有很多机会与民宿主人接触、了解当地文化,并与其他国家的旅行者讨论彼此的旅行经验。借由巴厘岛当地的旅游中心或背包客聚集的网络讨论版,就能轻松找到相关讯息。

小旅店

除巴厘岛南部观光区与乌布之外,许多较偏远的旅游景点或知名风景区都可见。这些小旅店的房间数不多,常会融入当地风景或环境特色,然而各地区环境情况不同,小旅店的清洁与卫生情况也不一,须多花些时间上网查询资料比较。订房网站上,只要善加利用网页的预算条件设定,就可查询到。

国际品牌酒店

国际品牌酒店的服务通常有口皆碑,不同品牌经营出不同的风格与服务品质,利用酒店官网、订房网站及旅行社均可订房。很多人的直觉是,通过酒店官网预订的价格一定比较贵,不过实际经验却不一定。酒店自身不时会推出令人惊艳的套装组合或价位,旅行社则经常推出附赠SPA(休闲美容)、下午茶等额外好礼的套装方案,都很受了解行情的游客欢迎。

本地品牌酒店

此类的酒店不见得都是便宜货,但仍有很多专走中低价位,非常适合不想花太多钱、又希望有一定住宿品质的旅行者。可利用酒店官网或国际订房网站预订,但须自行比价,尤其要注意网友评价,以免踩到地雷。

准备旅费

奢华朴实随便你的巴厘岛

🌀 巴厘岛消费水平

很多人会认为印度尼西亚国民平均收入不高,而巴厘岛既然是这个国家的一个小岛,其消费物价自然也不会高到哪去,但是事实不全然是如此。一般的民生物价大致上还在我们认为可接受的低水平,不过如果你想玩得奢华一些,要付出的钞票就不会比在国内少,不妨先调整你的心态,才能享受到旅行的最大乐趣。

在巴厘岛1天的费用估算

支出项目	金额
● 早餐(吃饭店早餐)	0
● 午餐	
路边摊烤猪饭+饮料	Rp.50 000
普通餐厅简餐+饮料	Rp.100 000
● 晚餐	
路边摊饭、面+饮料	Rp.50 000
普通餐厅 比萨、沙拉、啤酒	Rp.200 000
● 交通	
租用车一天	Rp.50 000
租用休旅车含司机一天	Rp.600 000
● 门票	
博物馆、美术馆等	Rp.10 000 ~ Rp.50 000
● 住宿	
3星酒店	Rp.500 000
5星酒店	Rp.2 000 000
● 杂项	Rp.100 000 ~ Rp.200 000

一天费用总计:Rp.760 000 ~ Rp.3 550 000

🌀 游巴厘岛这样最省钱

● **美食**
- 享用饭店、民宿所附的早餐。
- 巴厘岛在观光区周边就有很多庶民小吃摊,物美价廉,不须花大钱就可打发1餐。

● **住宿**
- 尽量选择民宿(Home Stay)、青年旅馆或旅馆等住宿地,虽然环境较不舒适,但价格也就相对低廉。
- 许多民宿若遇到旅客住宿天数较多,会提供折扣优惠,可事前多方估算比较。
- 选择"机+酒"的套装自由行。机票加住宿常比单独订房划算。

● **交通**
- 租车或利用单车作为代步工具。
- 长程可搭旅游巴士或Bemo。

印度尼西亚货币

印度尼西亚的货币单位为印度尼西亚盾，念法为"Rupiah"，但一般多直接以"卢比"代称，简写为"Rp."。以目前（2015年1月）的汇率来看，1美元可兑换Rp.12 200，而人民币1元约可兑换Rp.2020。

印度尼西亚货币的种类非常繁多，纸钞共分成Rp.100、Rp.500、Rp.1000、RP.2 000、Rp.5 000、Rp.10 000、Rp.20 000、Rp.50 000、Rp.100 000，硬币则有Rp.25、Rp.50、Rp.100、Rp.200、Rp.500、Rp.1000，加上近年又有新版钞票问世，因此，在新旧钞票夹杂使用的情况下，不免会有些混乱，使用时得小心，以免错用产生损失。

在巴厘岛，大部分商家都是使用印度尼西亚盾交易。不过，由于几年来印度尼西亚的货币不是很稳定，所以许多进驻当地的外商企业纷纷使用美金为计价单位，以避免风险。因此，在巴厘岛常会看到采用美金定价的商品，其中又以酒店、旅馆房价最多，通常在交易时，商家会以当天美金兑换印度尼西亚币的汇率换算成Rp.来计价。

各种汇兑方式与汇率

机场汇兑柜台

抵达巴厘岛国际机场，通过移民局及海关后，可在机场出口前看到一整排由各个不同银行设立的换钱柜台，柜台前会标明各种货币兑换印度尼西亚卢比的汇率，基本上每家汇率都相同，虽然不保证最划算，但绝对是最少发生诈骗情形的换钱场所。建议可先在此地换取一些印度尼西亚卢比，其他的上街再做打算。若是你不计较汇差，也可在此将旅程所需金额一次换足。

市区换钱所 (Money Changer)

Money Changer是在巴厘岛各个观光地区都会有的换钱场所，专门提供游客兑换钱币之用，每一家都会把他们的汇率写在门口，通常各不相同，最好的方式就是事先上网查询大概的汇率，看到合理的换钱所就可进行兑换。另外，有写着"Pedagang Valuta Asing Berizin"或"PVA Berizin"字样的，是印度尼西亚国家银行许可的换钱地点。切忌贪图便宜，汇率特别划算的换钱所，多半会发生诈骗情节。

市区银行 (Banks)

在巴厘岛，当地银行或金融单位在机场设置的换钱柜台较便利且令人安心，但一般街上的银行就不是个换钱的好地方。首先，巴厘岛的银行不像其他大城市那么普遍，多集中在登巴沙地区或观光区边缘（街上倒是有很多ATM提款机），而且多半无法从建筑外观搞清楚这些本地银行是否有被政府授权经营汇兑；另外，市区换钱所不需要看证件、填表格，银行的换汇手续就比较烦琐。巴厘岛街上的Money Changer非常普遍，只要注意选择优良店家，或是不要贪图过好的汇率，基本上安全度都还是可以的。

跨国ATM提款

比汇兑更简单的做法，就是在当地银行提款机利用PLUS 提取现金。只要你的国内提款卡有印上PLUS或是CIRRUS两个标志，就可以凭着4位数磁条密码，在国外利用贴有相同标志的提款机提款。巴厘岛很多地方的ATM提款机都有提供此类跨国提款服务，这样提款只收取一次性的手续费，但每次提取的金额有限制，每家银行规定不同。

打包行李

记住，巴厘岛多半是热的！

🌀 巴厘岛天气

巴厘岛没有四季，只有干季、雨季之分，每年的4～10月是干季，11月到隔年3月是雨季。干季是到巴厘岛旅游较舒服的季节，4月开始受到澳洲大陆性气流的影响，平均温度大约在30℃～33℃；7、8月时则为南半球冬季，澳洲大陆的冷空气吹来，巴厘岛南部丘陵地区是有可能凉飕飕的。整体来说，由于整个印度尼西亚包括巴厘岛都位于赤道上，属典型热带性气候，全年偏温热，须注意防晒及中暑情形。

大约在干季结束、雨季即将开始的10、11月，虽不见得一定会下雨，但空气开始变得又闷又热，很像中国南方7、8月的天气，感觉颇不舒适。真正的雨季来临通常是在12月到3月，这时期午后多有阵雨，但持续不久，近几年可能受到气候暖化的影响，有时会下起仿佛台风般的狂风暴雨。

平均温度

巴厘岛大部分的平地区域（库塔、雷根、塞米亚克、长谷）平均温度大约24℃～33℃；南部丘陵地区（金巴兰山丘、乌鲁瓦图、乌布）温度稍低，约23℃～33℃；更往北的布拉坦湖、巴度尔火山一带的温度就更低了，大概整天都会维持在23℃～24℃，只有中午的温度会高一些。

气温及出游服装

	区域	1日高低温	建议衣着、配备
干季（4～10月）	南部平地	21℃～33℃	短袖衣物、帽子、太阳眼镜、防晒乳
	丘陵	22℃～33℃	短袖衣物、帽子、太阳眼镜、防晒乳、夜间薄外套
	北部山区	23℃～34℃	短袖衣物、帽子、太阳眼镜、防晒乳、薄外套
雨季（11～3月）	南部平地	24℃～33℃	短袖衣物、帽子、太阳眼镜、防晒乳、伞
	丘陵	23℃～33℃	短袖衣物、帽子、太阳眼镜、防晒乳、伞、夜间薄外套
	北部山区	24℃～32℃	短袖衣物、帽子、太阳眼镜、防晒乳、伞、薄外套

南部平地：库塔、雷根、塞米亚克、克罗柏坎、金巴兰、沙努、登巴沙
丘陵地区：乌鲁瓦图、布基山丘
山区：布拉坦湖区、百度库、巴度尔火山区、母庙

 冬天前往巴厘岛

若在中国北方冬天时前往巴厘岛，旅客一定是穿着满身的保暖衣、毛衣、羽绒衣或厚重外套上飞机。不过，一下机就会碰到30℃以上的高温，那时候一定会热得很想撞墙。Alex要给你忠告，最好的方式，就是利用洋葱式穿法，并尽量挑选保暖性高却又易于折叠收纳的衣物材料，虽然在中国北方时温度很低，但为了这趟花了不少机票费的旅途中能方便愉快（因为下了飞机你就几乎再也用不到它们），保暖衣物还是要便于随时脱掉，并能轻松塞到行李箱外层。

Chapter2 彻底准备篇

● 选购行李箱

● 硬行李箱

外形时尚、颜色鲜艳的高品质行李箱。近年设计改用轻巧物料，防撞能力高且有不少品牌提供保证，极受商务旅客青睐，缺点是打开后必须全开平放，很占空间。

图片提供／Elaine

● 软行李箱

轻巧且使用较柔软材质的纤维箱近年相当受欢迎。软纤维材质箱不怕被压和碰撞，唯一要小心的是拉链位置可被硬物强行插入并撬开箱子，外置锁只有恐吓作用，不建议入住青年旅馆者使用。

● 尼龙制行李箱

开盖式廉价的行李箱，虽比软行李箱笨重，但较容易放，最好购买有4个边角加强保护的款式。

注 现在市面上的行李箱多设有4个滑轮，1个行李箱失去1个轮就等如1张三脚椅，购买时务必多加留意滑轮的设计是否稳固，基座的物料是否为强化材质。

● 转换插头&变压器

印度尼西亚电压大部分是220V，频率数为50Hz。插座为圆头2孔，有圆形凹槽。现在大部分的手机、电脑、随身听、相机充电器都可适用110V～220V的电压（请在使用前确认自己机器的适用电压），所以通常不需要额外携带变压器，而你会比较需要的东西是插头转换器（Adaptor），大部分中级以上的旅馆都有提供，你可以在旅馆询问，若是不放心，自己事先从国内携带也是可以。另外，如须使用多种充电用品，可自带多插座延长线。

● 管制携带的物品

枪支（含各种仿真玩具枪、枪型打火机等）、弹药、军警械、管制刀具、爆炸物品、剧毒物品、腐蚀性物、危险溶液等。禁止随身携带液态物品。可随身携带少量自用化妆品，容积不得超100毫升。

● 随身行李

1. 准备一个可以完全密封的证件袋，一旦完成通关、验照、登机程序，立刻将护照、钱包、信用卡、机票等重要证件全部收纳在此袋子中，避免遗漏。

2. 液体胶状药品、保养品须放在容量低于100毫升的容器内，再放入透明夹链袋中。剪刀形的指甲刀等刀剪类不可随身携带。

图片提供／Elaine

3. 为了避免相机、笔记本电脑、手机在托运时碰撞，建议随身携带。

图片提供／Elaine

4. 相机、笔记本电脑、手机专用锂电池可能因为短路起火而引发意外，现在就连备用的电池也规定必须随身携带、禁止托运，违规者可依民航法处罚。

图片提供／Elaine

5. 建议所有随身携带的行李外最好系上名牌，手携式行李箱也不要上锁，以便安全检查。

图片提供／Elaine

● 行李托运限重

手提行李限5公斤，托运行李各家航空公司规定略有不同，一般为：

· 经济舱：1件限20公斤
· 商务舱：托运行李2件共30公斤。
· 头等舱：托运行李共40公斤。

此外，如超过规定（长90厘米×宽45厘米×高75厘米，重50公斤）的超大行李得另支付附加费用，并使用另一种托运服务。

● 个人托运行李装箱秘诀

行李怎么装箱,对于旅程中的舒适度、便利性影响很大,建议将较重的物品平均地放于行李箱底部,稳定重心。箱子内部空间可划成4区,哪个区放什么如果能养成惯例,拿取或收纳都会得心应手,例如外衣在左上角(外衣是最重最厚的)。以三明治方法把箱子分为3层,最易碎的放中央,上下放衣物保护,回程时如有贵重礼品(如瓷器),先用衣服和毛巾包妥,放于正中央,再于上方盖上外套。以下是详细的打包步骤,跟着做你也能变成收纳达人。

1 防水收纳袋:将电器用品、充电设备等较重物品,集中收纳于具有防水及防震功能的分隔袋内,并放置于行李箱最下方。

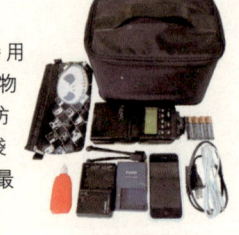

2 盥洗用品、保养品、防晒乳液、隐形眼镜药水等瓶瓶罐罐用品,单独收纳于有防水功能的分隔收纳袋内,并放置在行李箱的下方位置,以免流质物品流出。

3 将衣物折叠平整或卷起,放入透气的收纳袋中,避免与其他物品混合交叠,并将贴身内衣、泳衣、袜子与其他外衣分别放在不同的袋子里,以方便拿取。

4 个人习惯药品、小型理容组、针线盒等,单独收纳于一个小袋子内。

5 将其余各式杂物收放于小杂物袋中,如备用的湿纸巾、面纸和女性卫生用品等。

6 将凉鞋收纳于鞋袋中束紧,避免脏污及异味飘出。

7 将折叠伞收纳于各收纳袋或行李箱的缝隙间即可。

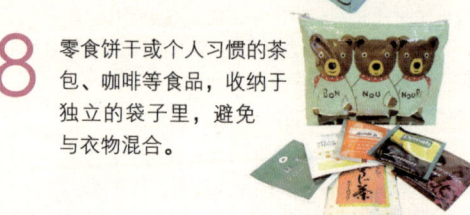

8 零食饼干或个人习惯的茶包、咖啡等食品,收纳于独立的袋子里,避免与衣物混合。

9 准备一个折叠式的备用购物袋,以及几个备用的塑胶袋,可收纳脏衣服或其他杂物。

10 行李箱内中间的网状隔板,可放置行程表、地图、旅游参考书籍等。

11 若要托运酒类等液体物品,需单独将瓶身以毛巾或塑胶发泡棉包裹,在放置于防水的塑胶袋内,以免碰撞破裂。托运行李时,记得提醒机场报到柜台承办员,贴上易碎物标签。

12 全家同游者,可以准备两个行李箱,打包方式如上所述,如果考虑携带方便只带一个行李箱,仍然可以将父母、小朋友的衣物,分别放置在不同的收纳袋里装好。

行李检查清单 （非常必要◎，建议要○，视个人需要△）

	项目	必要度	备注
贵重物品和证件资料	护照正本、护照复印件	◎	再次确认有效期限是否超过6个月，到巴厘岛机场后再办落地签证。
	现金（美金、人民币）	◎	先在国内用人民币兑换美金，抵达巴厘岛后再以美金兑换印度尼西亚卢比。保留回国后从机场搭车回家的人民币费用。
	旅行支票 T/C	△	记住支票号码，遗失后才能补发。
	信用卡、国际金融卡	◎	备用。
	机票或电子机票	◎	确认好登机门和转机航厦，电子机票建议还是打印出来。
	网络预订记录	◎	包括饭店预订资料、门票等。
	2寸照片4张	◎	备用，若证件遗失时须使用。
盥洗用具	牙刷、牙膏、毛巾	○	大部分旅馆都有，民宿、小旅店则无，须自行准备。
	洗发精、沐浴乳、肥皂	△	旅馆几乎都有。
	刮胡刀	△	视个人需求，带手动刮胡刀最便利。
	吹风机	△	大部分旅馆都有，民宿、小旅店则无，须自行准备。
	洗衣粉	△	旅程中习惯每天清洗内衣裤者，或使用街上的洗衣服务(Laundry Service)。
	眼镜、隐形眼镜、保养液	◎	近视者务必记得携带。
	生理用品		若无习惯使用的品牌，可在当地购买，一般便利商店、超市都有。
个人物品	外出衣物	◎	视当地气候，准备易搭配、穿着舒适的衣物。若须出席正式场合，得带称头的服装。建议不要带太多套衣服，如有不足可在当地购买。
	贴身衣物	◎	包括内裤、袜子，数量视个人需求。
	轻薄外套	◎	中部山区或7、8月的南部丘陵区会需要。
	拖鞋或凉鞋	○	除了游泳、海滩戏水外，游巴厘岛大多时候都可穿着轻便拖鞋，最好挑选美观耐用的款式，也可在当地购买。
	保养品	◎	因为天气炎热，脸部清洁相对更重要；防晒乳、乳液、化妆水、面膜、护唇膏可视个人需求准备。
	常用药品	◎	如感冒药、胃药、晕车药、防蚊液、蚊虫叮咬止痒药或个人用药等。
	雨伞、阳伞或轻便雨衣	◎	一般饭店都有雨伞出借，也可自己准备轻便雨伞。
	泳装、运动衣等	◎	游泳戏水是游巴厘岛的重要活动，千万别忘记带泳衣。
	太阳眼镜	◎	巴厘岛阳光猛烈，不可轻忽。
	帽子	◎	外出遮阳用。
	笔记本、笔	◎	方便记下重要资讯，或撰写旅游札记用。
	万用瑞士刀	△	可当开瓶器或用来切水果，非常好用。登机时不可随身携带，须收纳于托运行李内。行程都在大城市的话请不要带刀。
	餐具（如筷子）	◎	要自炊或购买泡面的话，带个加热器皿与餐具。
	夹链袋	◎	可用来分装物品。
	塑胶袋	○	用来分类包装衣物，或装途中制造的垃圾。
	手表	◎	方便确认搭机、乘车、表演时间。
	相机、相关配备	◎	留下美好旅游回忆，以小型轻便者为佳。
	手机、充电器、转换插头、变压器	◎	若要带电器必须先确认规格；智慧型手机可随时上网、当计算机、当时钟闹钟，携带去的电子产品保持每天充电。
	电池	○	视个人需求，消耗性电池可在当地购买。
	计算机	○	计算汇率、花费或购物时议价使用。
	电子字典	△	查询单词使用或帮助紧急会话用。
	笔记本电脑、随身碟	△	有商务需求或喜欢大量拍照整理上传者。
	旅游指南、地图	◎	按图索骥找路比较轻松，建议事先做好重点笔记，以彩色便条纸做记号，方便寻找。
重要电话	信用卡24小时服务电话	◎	信用卡遗失或刷不过(decline)时可立刻去电询问。
	旅行支票巴厘岛挂失电话	◎	万一遗失时可派上用场。
	航空公司当地电话	◎	确认机票改期或延期事项。
	饭店或旅馆电话	◎	找不到路时可打电话求助。
	海外旅游平安保险注意事项表与紧急联络电话	◎	可列印或储存在手机中，以备查询。
	中国驻印度尼西亚使领馆紧急联络电话	◎	有急难状况时可求助。

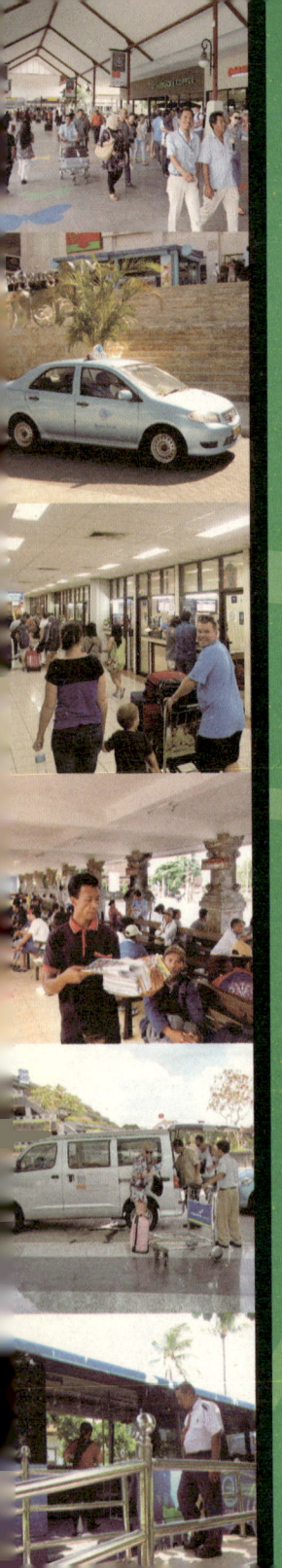

Chapter 3
快乐出发篇

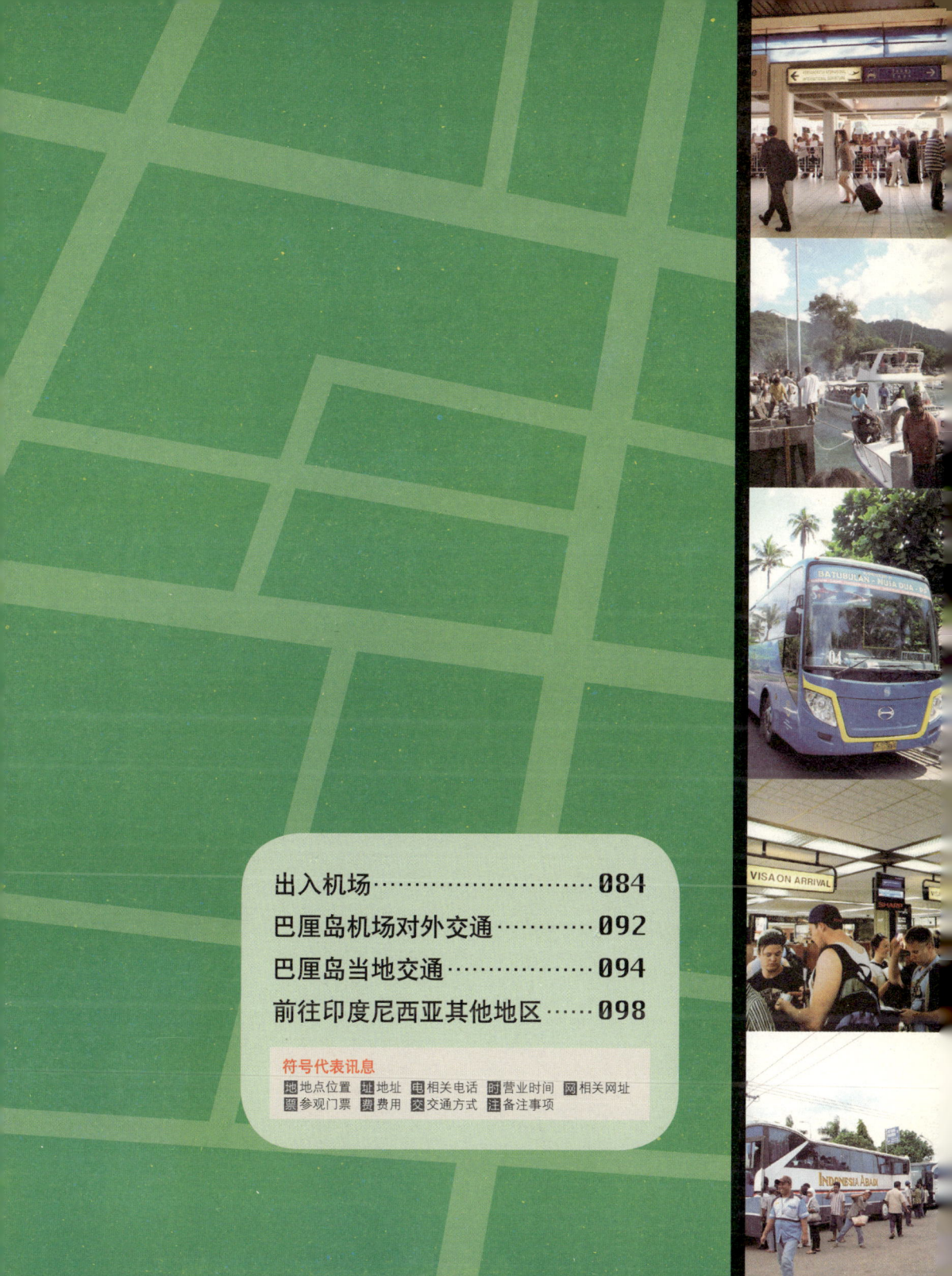

出入机场	084
巴厘岛机场对外交通	092
巴厘岛当地交通	094
前往印度尼西亚其他地区	098

符号代表讯息

地 地点位置　址 地址　电 相关电话　时 营业时间　网 相关网址
票 参观门票　费 费用　交 交通方式　注 备注事项

出入机场

快速通关 Step by Step

① 前往北京机场

前往北京国际机场除了自行驾车、亲友接送外,也可搭乘巴士、计程车、机场快轨等大众交通运输工具。

如何前往北京国际机场

■ 机场快轨搭乘指南

机场快轨运营车时间
T2:06:35—23:10
T3:06:20—22:50
东直门:06:00—22:30

发车间隔
全天均为10分钟一班

乘坐位置
2号航站楼:2号停车楼地下二层
3号航站楼:3号停车楼二层

计价方式
单程:25元/人

换乘站提示
三元桥站可换乘10号线,东直门站可换乘2号线和13号线

温馨提示
机场快轨共设4站:东直门、三元桥、3号航站楼、2号航站楼

■ 北京机场巴士路线表

	路线号	运营时间	行车路线
机场↓市区	1线	7:00~次日1:00	首都机场—三元桥—亮马桥—白家庄—大北窑(国贸桥)—潘家园—十里河(京瑞大厦)—方庄
	2线	7:00~24:00	首都机场—雍和宫—安定门桥西—积水潭桥西—西直门桥南—复兴门桥东—西单(路口南地铁站)
	3线	7:00~24:00	首都机场—东直门—东四十条—朝阳门—雅宝路—国际饭店—北京站
	4线	6:50~当日国内航班结束	首都机场—国际展览中心—西坝河—安贞桥—马甸桥—北太平庄—蓟门桥—友谊宾馆—苏州桥—紫竹桥—航天桥—公主坟
	5线	6:50~次日1:00(淡季末班车24:00)	首都机场—小营—亚运村(安慧桥)—学院桥—中关村(四号桥)(晚21:00机场发出的中关村线车辆经停广顺北大街、湖光中街两下客站)
	6线	8:00~21:00	首都机场—广顺北大街—湖光中街—育慧里—北路路大屯—大屯—奥运村站—亚奥国际酒店(原劳动大厦)
	7线	7:00~次日1:00(淡季末班车24:00)	首都机场—朝阳公园南—通惠河北路—永安里东街—广渠门—磁器口—珠市口—菜市口—广安门外—西客站南广场
	8线	9:00~22:40	首都机场—白坊(天通东苑)—天通西苑(北门)—回龙观东大街—回龙观西大街—回龙观—上地信息产业区
	9线	7:00~24:00	首都机场—北关站(齐天乐园对面)—大西大街(通州区委西)—北苑路口—翠屏北里—太阳花酒店
	10线	9:30~21:30	首都机场—广渠门(广渠门桥下)—肿瘤医院(东二环肿瘤医院对面)—玉蜓桥(玉蜓桥西)—北京站北出口
	11线	18:00发车(全天仅一班)	首都机场—窑洼湖桥北(东四环红星美凯龙)—小武基(汽配城)—亦庄北环西路(华冠超市)—泰河站
市区↓机场	1线	5:10~21:00	方庄(方庄体育公园东门南侧)—大北窑—首都机场
	2线	5:10~21:00	西单(民航营业大厦)—车公庄站—雍和宫站—首都机场
	3线	5:10~21:00	北京站—国际饭店—东直门—亮马河大厦(西门)—首都机场
	4线	4:30~22:00	公主坟—友谊宾馆—北太平庄—安贞桥—西坝河—首都机场(晚21:00以后由公主坟站发出的车辆不再经停安贞、西坝河下客站)
	5线	5:10~22:00	中关村(四号桥)—北航(北门)—惠新西街(惠新西街桥下,安徽大厦东侧)—首都机场
	6线	6:00~19:10	亚奥国际酒店—中科院地理所—大屯—北路路大屯—望京花园四区A门—望京花园西区—首都机场
	7线	4:50~22:00	西客站南广场—广安门—磁器口—朝阳公园桥—首都机场
	8线	5:10~20:50	上地—西三旗—龙泽城铁站—龙华园—矩阵小区—天通西苑一区(北门)—白坊(天通东苑)—首都机场
	9线	5:30~21:00	通州区太阳花酒店—翠屏北里(西门)—北苑路(地铁站东侧)—北关站—首都机场
	10线	7:30~19:30	北京南站出口公交枢纽站台(A道)—首都机场
	11线	8:00发车(全天仅一班)	泰河站(亦庄博兴七路)—亦庄北环西路(华冠超市)—首都机场

■北京首都机场巴士搭乘指南

市区旅客可方便乘坐机场巴士往返首都机场与方庄、西单、北京站、公主坟、中关村、奥运村、西客站、上地、亦庄、通州、北京南站的11条市区巴士线路，周边城市旅客可乘坐省际旅客班车往返机场与天津、廊坊、秦皇岛、塘沽、保定和唐山的6条省际巴士线路。

计价方式

市内巴士：统一票价（单程）：分段计价15~24元/人
省际巴士：北京 → 天　津：82元/人　（单程）
　　　　　北京 → 塘　沽：94元/人　（单程）
　　　　　北京 → 秦皇岛：140元/人　（单程）
　　　　　北京 → 廊　坊：40元/人　（单程）
　　　　　北京 → 保　定：95元/人　（单程）
　　　　　北京 → 唐　山：80元/人　（单程）

购票位置

1号航站楼：一层7号门内巴士售票处
2号航站楼：一层9号门外巴士售票处
3号航站楼：一层7号门外巴士售票处
温馨提示：位于3号航站楼3号门内省际巴士售票柜台迁移至1号门内，同时增加空地联运身份证识别器。

咨询热线

北京市内机场巴士服务热线：
010-64573891/64594376/64594375
省际机场巴士服务热线：010-64558718
　　温馨提示：线路、站点、时刻的调整以首都国际机场调度站公布信息为准。乘坐省际巴士前往首都机场乘机的乘客请注意登机时间，国内航班乘客建议提前6个小时乘坐巴士，国际航班乘客建议提前7个小时乘坐巴士。

■机场出租车搭乘指南

机场统一出租车调度管理电话：010-64558892

乘坐位置

1号航站楼：一层1号门外外车道；
2号航站楼：一层5~9号门外中车道；
3号航站楼：请参照航站楼内指示牌。

计价方式

1. 每公里2元，基价为3公里，起价10元；
2. 单程15公里以上的部分加收50%空驶费；
3. 时速低于12公里/小时，每累计5分钟加收1公里费用；
4. 等候乘客，每累计5分钟，加收1公里费用；
5. 晚23时至早5时，起价11元，每公里租价加收20%。

■北京首都机场停车场指南

1号停车场

首都机场1号停车场位于首都机场1号航站楼正南侧，共有车位数715个，其中含小车位、中巴车位、大车位、无障碍车位，主要停放空港巴士、社会临时车辆及长期停放车辆。

2号停车楼

首都机场2号停车楼位于首都机场2号航站楼前，共有六层，地上两层，地下四层，共有车位4500个，其中含小车位、中巴车位、大车位、无障碍车位。

3号停车楼

首都机场3号停车楼位于首都机场3号航站楼南侧，二层设有机场快轨车站，并设有前往3号航站楼的通道。3号停车楼目前开放地下一层及地下二层H区作为旅客车辆停放区域，共有车位数6114个，其中含小车位、中巴车位和无障碍车位。

停车楼（场）免费服务项目：
（1）为特殊旅客提供轮椅；
（2）为提出需求的旅客提供过夜车罩车衣服务。

自驾车行车路线提醒：
自驾车旅客进出首都机场可经过首都机场高速、首都机场二高速、首都机场南线高速、首都机场北线高速。

② 从北京出发

Step 1　办理登机手续 Check In

请于当日班机起飞前 2 小时,抵达机场办理登机手续。请先在指示看板前确认所搭乘的航空公司公司柜台位置,再持护照、电子机票,前往相应的办理柜台办理乘机登记和行李托运手续,领取登机牌。

Step 2　托运行李

进行行李称重及托运,请于行李上绑上行李条,并确定行李已通过 X 光机之检查方可离开柜台。托运行李卡请妥善保存,若行李遗失,将以此凭据向航空公司索赔。

Step 3　安全检查

完成乘机手续及托运行李后,至出境登机入口办理安全检查手续,并请出示登机牌、护照。通过金属侦测门时,请尽可能随身携带密封透明塑胶袋,并将身上之金属物品取下置入塑胶袋,将其与随身行李一同置入 X 光检查仪。

Step 4　出境证照查验

通过安全检查后,持护照及登机证前往出境查验柜台办理出境证照查验。

Step 5　候机室等待登机

登机牌上都有注明登机时间、登机口,请于登机时间之前,前往候机室等候,等待航空公司人员的广播指示登机。
登机顺序：头等舱、商务舱、幼童同行、长者旅客、经济舱旅客。

Tip! 出境须知

登机时,随身携带行李是有限制的,详细规定见本书第2章"打包行李"单元,不符合规定的物品只能放在托运行李内；婴儿奶品（食品）及药物、糖尿病或其他医疗所需之液体、胶状及喷雾类物品应先向航空公司洽询,并于通过安检线时向安全检查人员申报,获得同意后可携带登机。放置液体、胶状物品的透明夹链袋每名旅客仅能携带1个,通过安检线时须自随身行李中取出,并放置于置物篮内通过检查人员目视及X光检查仪检查。出境或过境（转机）旅客在机场管制区或前段航程于航机内购买之液体、胶状及喷雾类物品,可随身携带上机,但须包装于经签封防止调包及显示有效购买证明之密封塑胶袋内。

Chapter3 快乐出发篇

3 第3地转机

情况1：第3国（地区）转机

Step 1 前往转机闸口 Transit

如果你选择的是转机的航班，那从国内出发时就应该已经拿到2段的登机证，飞机抵达转机点下飞机时会先进入"入境"(Arrival)楼层，请按照"转机"(Transit)的指示牌走，在转机闸口须出示下一段航班的登机证及护照，随后你的随身行李与本人必须要通过安全检查（托运行李可以不用担心，因为已经托运挂牌往目的地了），接受行李检查时，同样是任何饮料、液体不可带入，通过安检后就会直接通往"出境"(Departure)楼层。

Step 2 确认下一航班的登机门 Flight Screen Board

抵达出境楼层后，请找到机场内的大屏幕，上面会标示各航班登机位置。有的机场很大，也就是说从你现在的位置走到登机口可能会很远，或许还需要搭乘接驳巴士，这时必须要把握转机时间，以免延误。

Step 3 免税商品、贵宾室 Duty Free, Lounge

确认下班飞机的位置和距离，确认预留的时间都在足够抵达的范围后，此时就可以轻松一下，逛逛机场的免税商店，或是在机场的咖啡厅、餐厅享用饮料与轻食，搭乘商务舱的旅客还可以使用航空公司的贵宾室（贵宾室使用券会在国内出发时就与登机牌一起附上）。中国香港、新加坡这两个转机点的机场商店琳琅满目、种类繁多，一直受到许多旅人的赞誉，不过血拼时还是要留意登机时间。

Step 4 登机 Boarding

开始登机的时间依当时航班准备的情况而不同，多半会依照头等舱、商务舱、行动不便人士、带孩子家庭、经济舱的顺序登机，经济舱登机时也大多会依照座位号码顺序登机，通常座位号码比较后排的会先登机。登机时地勤人员会再次核对护照与登机牌，登机时也请注意自己的随身行李是不是都带齐了。

Tip 利用转机顺游

如果转机时间充裕，你又刚好有该转机国的签证，可以考虑出境来一趟市区观光。出境观光前必须要先确认你已经持有下一段航班的登机牌，并且在飞机抵达时走"入境"(Arrival)的路径通过护照查验及海关，并且记得至少要在下班飞机起飞前2小时抵达机场，再次以下一段航班的登机牌及护照做出境证照查验后登机。

情况2：印度尼西亚国内转机

Step 1　证照查验 Immigration

从中国出发后抵达印度尼西亚的第一个国际机场（雅加达），你必须要跟随"抵达"（Arrival）的路径，事先抵达"落地签证"（VOA-Visa On Arrival）柜台购买落地签，接着前往证照查验柜台接受证件检查。证照查验及海关相关程序请参阅P.088"抵达巴厘岛"入境手续。

Step 2　行李转盘・海关 Baggage Claim・Customs

证照查验后，依照屏幕显示你班机行李的"行李转盘"（Baggage Claim）位置提领行李，然后接受行李检查，通常有申报物品的走红线，无须申报物品的走绿线。

Step 3　前往国内线航站 Domestic Terminal

图片提供／Luke Ao

印度尼西亚国内线的航站通常会与国际线航站分开，先确认两者间走路可抵或是需要搭乘接驳巴士，然后转往国内线航站。如果在中国出发时已经领有下一段航程的登机牌，且托运行李会直接转往巴厘岛，你就不需要再重新办理报到登记手续，只要从机场屏幕确认好你的登机口，凭登机证进入候机室即可。

Step 4　安全检查 Safety Check

图片提供／Ebine

进入国内线航站的候机室时，你必须要再接受一次人身及随身行李的安全检查，液体、饮料及违禁品仍然不得携入。

Step 5　登机广播 Boarding Announcement

进入国内线候机室之后，找到登机闸口等候登机，注意别忘了携带随身物品。

Step 6　抵达巴厘岛 Arrival

由于搭乘国内线抵达巴厘岛，所以只要找到行李转盘提领你的行李后，即可走出机场，开始你的巴厘岛之旅。

4　抵达巴厘岛

Step 1　填写出入境表单、海关申报单 Arrival-Departure Cards/Customs Declaration

出入境表单及海关申报单是入境巴厘岛时需要填写的表单，于入境审查时交给海关审查员。此2张表单可向机上空服员索取填写，或入境审查柜台旁亦有摆放，但为避免入境时花太多时间，建议还是在机上就填好并签名。

出入境表单这样写

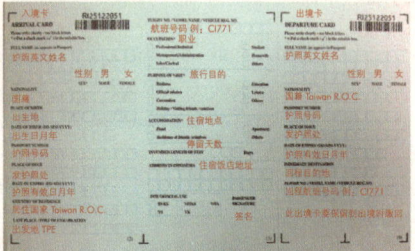

海关申报单这样写

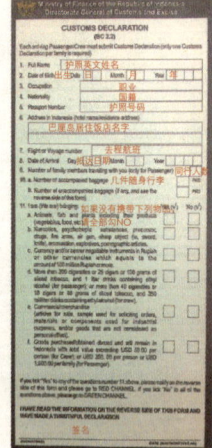

Tip　记得预留出入境须缴纳的费用

1. 巴厘岛落地签证30天内每人25美元。
2. 巴厘岛离境税每人Rp.150 000；经由雅加达转机者须多缴每人Rp.40 000的机场税。
3. 建议旅客在抵达巴厘岛换钱时，就先将离境税准备好，以免将钱都花光。

Chapter3 快乐出发篇

Step 2 购买落地签证 Visa On arrival Payment Counter

下飞机出机门后,直接循指示牌到落地签证柜台购买落地签。持中国护照者,可以用落地签证的方式前往巴厘岛旅游,30天内为25美元,到期后也可以加费用再延长效期。

Tip 落地签证购买小技巧

落地签证的程序是先拿钱购买落地签证,再拿着落地签证连同护照让证照查验人员检查。巴厘岛机场现场是繁忙甚至混乱的,经常会遇到好几班飞机同时抵达,要办理证照查验的各国人龙群交错,经常会让刚下飞机、旅途劳顿的人觉得很辛苦。因此,把握住以下几个小技巧,可以节省你很多宝贵时间:

1. 有2位以上同行的,可先派1位到缴费柜台排队购买签证,其他同行者到入境证照审核柜台排队,这样同步进行,可以压缩两边排队办理的时间。
2. 购买落地签证时,准备好需要的费用(1人25美元),不需要护照及其他资料,拿到落地签证后,即可与先前排队的同伴会合,一起接受证照查验。
3. 事先请准备好数字正确的美金,如果真的需要找零钱,也要求对方用美金找零,否则可能被以比较差的汇率对待。

Step 3 入境证照签证审核 Immigration

购买落地签证后,凭落地签证、护照、出入境表,排队进行入境审核。在排入境证照审核时,分成免签国家(Non Visa)审核柜台及签证审核柜台(Visa On Arrival),中国游客须排在签证审核柜台。拿到护照后,确定是否拿到出境表(这时通常入境的部分已经被查验人员撕去),此出境表必须保留至回程出境巴厘岛时交回。

Step 4 随身行李检查 Baggage Check

随身行李会经过X光机检查,要注意自己的随身行李是否有违禁品,若是海关认为有必须检查的物品时,他们会在手提行李上面做记号以方便检查。

Step 5 领取托运行李 Baggage Claim

过了随身行李检查后,即可往领取托运行李指示牌的方向前进,照航班号码至行李转盘找到自己的行李后就可以离开了。切记,此时会有当地的行李员好心地过来帮忙提行李,这短短的几米就会收取2~5美元的费用,且不能少给,除非你真的需要人帮忙搬运行李,否则一开始就要拒绝他们。因当地毒品检查严格,注意不要拿错或碰到他人行李,如果行李有被做记号,则是海关会留下来做更详细的检查,通常是他们的X光仪器检测出你的行李里面有问题,例如可能有超过规定数量的免税品或其他可疑物品,在印度尼西亚酒类扣的税率很高,海关很乐于抓携带超过数量的旅客。

Step 6 海关检查及入境 Customs

准备好海关申报单及护照,往免申报台(绿色线)通过即可。如有须申报的则往应申报台(红色线)办理通关。巴厘岛海关规定:禁止携带违禁品,仅能带1条烟(200支)、1瓶酒(1升),海外购买物品入境巴厘岛,商品价值每人超过250美元或一个家庭超过1000美元,通关时须额外申报。

Step 7 换汇银行及出口 Money Changer

走出海关后就正式踏入巴厘岛境内,在海关后方有一长排可兑换货币的银行,也可清楚看到当天汇率,这里每一家的汇率全部都一样,可以任选一家进行货币兑换,在此地换的汇率不会是最便宜的,但还属合理,又不会有诈骗情形。换汇银行后方是入境大厅出口,许多旅馆、酒店、旅行团导游或私人别墅的专属司机会在这里接机,他们都会拿着写有旅客姓名的名牌,旅客可以在此找到前来接待自己的人员,或是在出口右方搭机场计程车前往你的目的地。

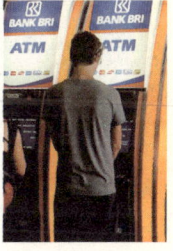

5 离开巴厘岛

Step 1 抵达机场，行李检查 Baggage Check

请提早于回程航班时间2小时前抵达机场，所有行李都会进入X光机检查，安检人员此时也会要求检查机票，所以请准备好电子机票凭证，出示凭证后即可通关进入机场。

Step 2 Check In，托运行李 Check In Luggage

通过行李检查后，先查看飞机班次、时间、登机门号、航空公司柜台号码，准备好护照、电子机票凭证及要托运的行李，前往航空公司柜台办理。

Step 3 缴纳机场离境税 Airport Tax

准备登机证及每人Rp.150 000买离境税，机场人员会将离境税收据钉在你的登机证上面。

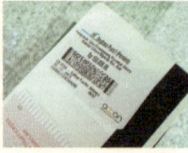

Step 4 出境证照审查 Immigration

缴完离境税后，往前至出境审查柜台，此时准备好护照、出境卡、离境税收据及登机证，出示给审查人员后即完成出境程序。

Step 5 准备登机 Boarding

前往登机门时，会有安检人员再次检查，此时超过100毫升的液体都无法再留下。通过安检后，再出示登机证及出境卡即可登机。

Tip 转机出境与退税

经由雅加达转机回中国的步骤
前往巴厘岛机场的国内线→航空公司柜台Check In/托运行李，此时请务必确认行李是直挂回中国目的地，跟出发时一样会拿到2张登机牌→缴纳机场税Rp.40 000/人→前往2楼登机门候机→搭机抵达雅加达机场→前往航空公司柜台缴纳离境税Rp.150 000/人→出境审查→前往登机门候机。

行李超重
各家航空公司都有针对经济舱、商务舱及头等舱可托运行李的重量，若有超过所规定之托运重量，将依各航空公司所规定，收取行李超重费。

印尼退税规定
在巴厘岛购买商品，如果要在离境时办理退税的话，需要注意下列几个要点：
1. 在有"退税商标"（VAT Refund for Tourist）的地方购买，购买时必须出示护照。
2. 食品、饮料、烟草制品和禁止带入飞机的东西皆无法退税。
3. 最基本须达Rp.5 000 000（约人民币2500元）方可申请。
4. 抵达印度尼西亚1个月内的购买记录，且于1个月内带出国外方可申请。
5. 停留超过1个月以上的外国人或航空公司员工不适用。

如何办理退税
1. 柜台设在出境免税商店区。
2. 准备好护照、登机证及所购买的物品的发票。
3. 退税金额在Rp.5 000 000以内者可直接领取现金；若超过该金额，将以汇款方式汇至指定银行账户。

错过班机时间怎么办

错过班机？先别着急，出门在外难免会遇到一些状况，但是事情总有办法解决的。首先请先拨打电话回国内代办机票之旅行社，各机票规定不同，请旅行社帮忙改期，或再改订单程机票回国，如果当天已无任何航班可搭乘，可以请国内旅行社代订住宿，或用英文直接请当地机场内的旅行社帮忙代订。

6 努拉来国际机场 Ngurah Rai International Airpot(DPS)

努拉来国际机场又称“巴厘国际机场”，原本是个相当老旧的机场，在巴厘岛每年到访各国旅客持续大幅度增加的情况下，不仅安检、证照查验经常出现行进缓慢的排队人龙，机场周边连接沙努及库塔到南部半岛金巴兰、努沙度瓦那条狭长地带的路段终日严重且病入膏肓的交通打结情形，让观光客和当地人民都苦不堪言。幸运的是，当地政府终于在几年前报请雅加达中央核定相关经费，决定扩增新的航厦并解决机场周边严重的交通问题。最新的机场航厦已经在2013年10月份APEC高峰会时开幕启用，国际线由原来的旧航站搬迁到新的现代化航站里，而原先的旧航站将改为国内线专用。不过，仓促建成下的新机场，出现了一些旅客抱怨动线不明或过于混乱的声音。新航厦的启用需要一段适应期，至少在机场新航厦完工与跨海快速道路开通之后，巴厘岛才可向前走一大步，再度敞开双手迎接各国观光潮送来的财富。

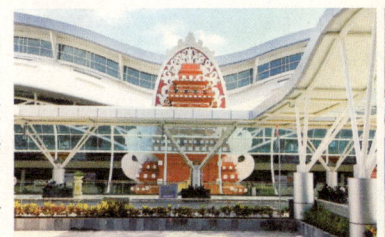

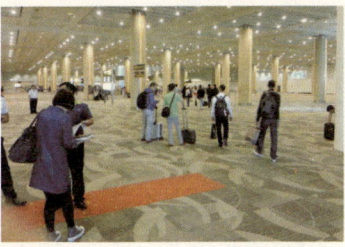

努拉来国际机场入境大厅平面图

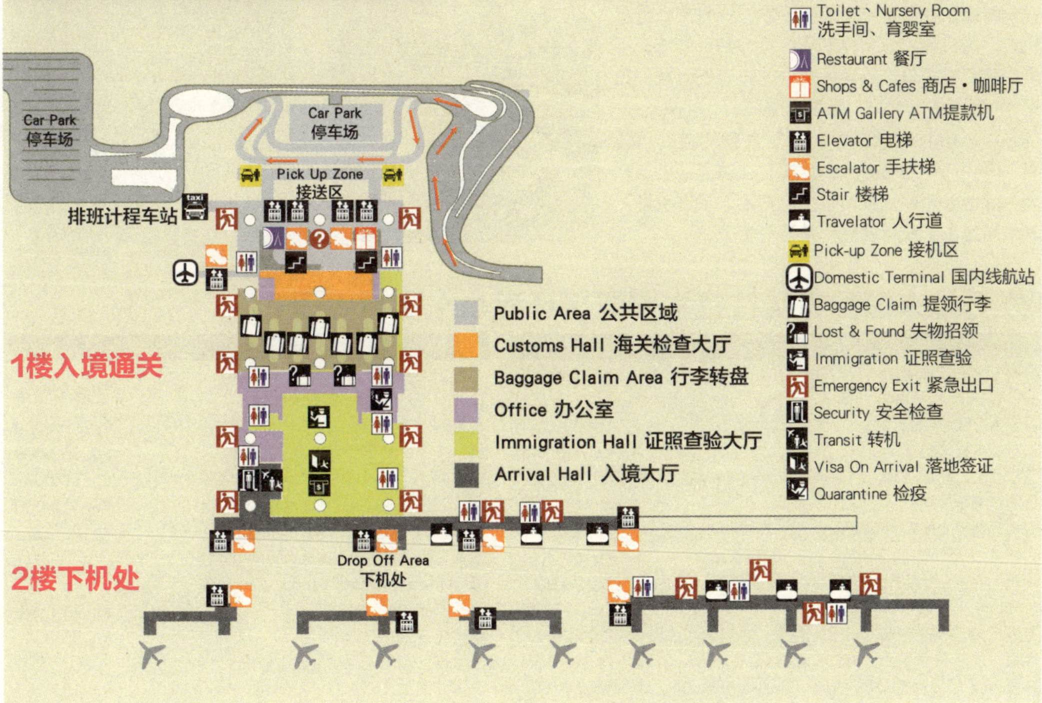
Information 询问处
Toilet、Nursery Room 洗手间、育婴室
Restaurant 餐厅
Shops & Cafes 商店・咖啡厅
ATM Gallery ATM提款机
Elevator 电梯
Escalator 手扶梯
Stair 楼梯
Travelator 人行道
Pick-up Zone 接机区
Domestic Terminal 国内线航站
Baggage Claim 提领行李
Lost & Found 失物招领
Immigration 证照查验
Emergency Exit 紧急出口
Security 安全检查
Transit 转机
Visa On Arrival 落地签证
Quarantine 检疫
Car Park 停车场
Car Park 停车场
Pick Up Zone 接送区
taxi
排班计程车站
Public Area 公共区域
Customs Hall 海关检查大厅
Baggage Claim Area 行李转盘
Office 办公室
Immigration Hall 证照查验大厅
Arrival Hall 入境大厅
1楼入境通关
Drop Off Area 下机处
2楼下机处

巴厘岛机场对外交通

快速通往各大区域中心

先告诉你，千万别用北京、上海、广州、香港或是东京、新加坡等都市的建设水准来看巴厘岛，虽然他们一直在努力当中，等了好几年，巴厘岛当地政府终于在 2013 年 10 月的 APEC 领袖高峰会期间开幕了新的巴厘岛国际线新航站，以及机场外围的海上快速道路。只不过目前为止，巴厘岛机场对外并没有大众交通工具。全岛唯一的巴士公交车在 2011 年 8 月开通，这只有 2 条路线的政府公交车路线（Trans Sarbagita）只经过机场外围，下车后要进入机场还真的可以说是困难重重，因此，欲出入努拉来国际机场，我建议大家采用下列的方式会比较方便。

1 机场计程车 Taxi

位于巴厘岛机场大厅外的租车柜台即可看到机场特约计程车，告知服务人员目的地，他会给你一张纸，并指定一个司机给你，你只要跟着司机走，司机会领你到停车场并载你到目的地，不采用跳表或喊价，以现场公告的车资表为准。巴厘岛机场的计程车是由努拉来计程车公司（Ngurarai Taxi）所经营，一般大家知道的"蓝鸟"（Bali Taxi Blue Bird）并没有在这里揽客的权利，其他公司的计程车也只能把客人载进机场，从机场出车全都得属努拉来公司管理。

Tip 搭乘机场计程车的小插曲

搭乘机场计程车时，有时会碰到一些"有趣的剧码"。首先是下车时，司机会要求给一些小费，因为他们觉得外国人有钱，理所当然要多付一些（这是民族价值观），你当然有权拒绝，拒绝后他们顶多跟你继续哭穷，不会太过分。另外，付钱后，有时也会遇到司机说没有零钱找，可以坚持要他自己想办法，或是就这样算了，看你自己的决定。

努拉来国际机场往各主要景区计程车车资参考表

目的地	车资	目的地	车资
丹戎白努亚 TANJUNG BENOA	Rp. 105 000	雷根 LEGIAN (Jl. Padma s/d Jayakarta Hotel)	Rp. 55 000
安拉普拉 AMLAPURA	Rp. 410 000		
百度库 BEDUGUL	Rp. 320 000	罗威那 LOVINA	Rp. 500 000
长谷 CANGGU	Rp. 135 000	努沙度瓦、日航酒店 NIKKO BALI	Rp. 110 000
登巴沙 DENPASAR	Rp. 70 000	欧贝罗伊、克罗柏坎 OBEROI / KEROBOKAN	Rp. 70 000
吉安雅 GIANYAR	Rp. 205 000	金巴兰山丘 PECATU / JIMBARAN HILL	Rp. 115 000
吉利马努克 GILIMANUK	Rp. 645 000	沙努、努沙度瓦 SANUR / NUSA DUA	Rp. 95 000
金巴兰I. 洲际酒店 JIMBARAN I / INTERCONT	Rp. 60 000	塞米亚克大街 SEMINYAK (Double Six sampai dengan Bintang)	Rp. 60 000
金巴兰II. 四季酒店 JIMBARAN II / FOUR SEASON	Rp. 75 000		
金塔马尼 KINTAMANI	Rp. 335 000	塔巴南 TABANAN	Rp. 195 000
克龙宫 KLUNGKUNG	Rp. 225 000	图班（库塔）TUBAN	Rp. 35 000
库塔、发现购物中心 KUTA (Discovery, Bakungsari)	Rp. 45 000	土狼奔、阿美 TULAMBEN / AMED	Rp. 675 000
库塔中心 KUTA CENTER (Batas Utara Jl. Melasti)	Rp. 50 0 00	乌鲁瓦图 ULUWATU	Rp. 135 000

Chapter3 快乐出发篇

② 饭店机场接送服务 Airport Pick Up Service

从努拉来国际机场前往饭店，国内旅行社的团客和自由行客都有车接送，散客可以向订房饭店确认是否有机场接送服务。多数饭店提供的机场接送服务是须额外收费的，如果确定要使用此服务，做好预约，饭店的接送人员即会在机场大厅外等候。

③ 机场租车 Car Rental, Motor Bike Rental

努拉来国际机场里没有租车柜台，若有租车的打算，务必在国内时就先在巴厘岛当地租车公司的网站预订，约好在机场出口碰面交车。大部分位于南部的租车公司都在机场交车、还车，非常方便。在巴厘岛租汽车并不贵，一部4人座车子约Rp.350 000/天、2人座小车平均则约Rp.200 000/天（约人民币120~140元）起；加油时同样是找加油站，巴厘岛的汽油大约每升人民币3.5~4元（2014年），跟中国比起来相当便宜。租车时要登记护照、国际驾照号码及名字，且最好加上必要的保险。

另外，巴厘岛有不少旅行者租摩托车代步。若想请业者在机场交车，可试着事先与业者沟通联系，但可能须多付些钱。摩托车大多是125c.c.，1天的租金约Rp.40 000（约人民币20元），路边的杂货店都可以为摩托车加油（当地普遍的摩托车（助动车）加油方式，每瓶Rp.50 000，加的油来源不清楚），不一定要到加油站。一般老板都只要求填护照号码及名字即可，不检查证件，不过一定得有国际驾照，也记得要戴安全帽，否则若遇到取缔，一点都不关老板的事，这也是他们通常一派轻松、不一定会提醒你须带驾照在身上的原因。

DATA ●当地租车公司
PT. AMERTHADANA Car Rental 址No. 104, Warkudara Street, Kuta 电(0361)8888890、7449090 网http://www.amerthadana.com
Auto Bali 址Jln. Merta Sari, Puri Priskilla no.21, Kerobokan – Bali 电(0361)7455656 网http://autobali.com

Tip 租车自驾注意事项

在机场租车或是交车，你要先与对方确认好相关的费用是否包含保险，如果没有，最好当场加保，以应付无法预测的意外。如果到了交车现场，对方诳称你订的车没有了，要你支付更多的价格改租别款车，要视情况严正拒绝，注意不要生气让对方感觉无礼，通常都可解决。

在巴厘岛开车，首先必须办好国际驾照，租车时连同护照一并给租车公司进行登记。在当地，国际驾照须随时带在身边，因为巴厘岛警察特别喜欢找外国人临检。巴厘岛的行车习惯与中国大不相同，大部分的车子都是自动挡、行车方向靠左，且驾驶座位在车子的右边，这些对于中国驾驶员都是一大挑战。

此外，行李置放于车内并不是一件安全的事，建议你最好行李及贵重物品不要放车上。

巴厘岛当地交通

善用交通工具，旅程更便利

 1 计程车 Taxi

在观光业发达的南部地区，如登巴沙、库塔、塞米亚克、金巴兰、沙努、努沙度瓦等地，搭乘计程车是极为普遍的交通方式，都是采取跳表方式计价。一般品牌计程车都可以搭乘，又以隶属于Blue Bird Taxi集团的浅蓝色Bali Taxi品牌形象最好，常被外国旅客称之为"蓝鸟计程车"，司机比较守规矩，会谨守照表收费的原则。

DATA 电 叫车专线(0361)701111　🌐 http://www.bluebirdgroup.com/nationwide/bali　费 上车以Rp.5 000起跳，随后每公里加Rp.4 500

2 出租包括司机的休旅车 Van Rental With A Driver

在巴厘岛旅行，这是最推荐的交通移动方式，1天只要花费大约Rp.650 000，即可租到1部能容纳6~7人的休旅车，平均1个人分摊约Rp.90 000（相当于人民币45元），含司机及油料，可使用8~10小时，方便又省时。建议可通过在国内的旅行社事先预订，如果来不及，在当地委由旅行社、饭店、旅馆安排预订也可以。预订时请注意下列几个重点：❶选择可以跟你沟通的司机。❷事先问明报价是否包括油钱及停车费，免得事后得再额外负担费用。❸上车前，记得为司机准备矿泉水等饮料。❹直接告诉司机你要去的目的地，并请他提供意见作为参考，但无须照单全收，因为有时他们会为了赚取佣金，而带你前往品质并不怎样的店家消费。❺记下司机的行动电话，以便在观光区人多时也能快速联络到他。❻用餐时间不须与司机同桌吃饭，另外给司机约Rp.20 000~Rp.30 000餐费即可。

3 小巴士 Bemo

巴厘岛上并没有便捷的公交系统，一般民众要去较远的地方时通常都会搭乘Bemo。Bemo由小型厢型车改装而成，类似小巴士，车厢两侧放了低矮的板子当座位，通常塞到12个人就已经很挤了。Bemo班次时间不固定，也没有明显的站牌（通常要询问当地人），往往是等人坐满才开车，狭小的车厢内经常是"五味杂陈"，令人很不舒服。搭Bemo时不必买车票，乘客直接将车资给司机即可，也可找零。此外，尽管Bemo价格便宜，不过针对外国人会索取较多的费用。

DATA 时 营运时间04:00-20:00　费 Rp.2000起

Chapter3 快乐出发篇

④ 长途客运 Shuttle Bus

巴厘岛许多较大的城镇都设有长途客运站，这些长途客运都是私人营运，乘车处大多和Bemo站设在一起，并无明显招牌，你可以在一些专门经营外国游客生意的旅游代理店（库塔、乌布都有）询问，会帮助你找到站牌确切的所在地点。这类长途客运的路线，都位于较大的城镇之间，车子较Bemo大，大多是9～12人座的厢型车，速度也比Bemo快，只是通常路线会绕经几个城镇载客人，不会直达目的地，因此乘客以背包客及当地居民居多。

> **Tip** 英文可通的超便利旅游代理店
>
>
>
> 巴厘岛的几个主要观光区街头都有专门经营旅游业务（机票、活动行程、车票、船票、旅馆、民宿预订）的旅游代理店，这类店家有提供长途客运的预订及资讯，且店员都会说英文。

⑤ 旅游巴士 Perama Shuttle Bus

由于巴厘岛大众运输系统不方便，有些旅游公司干脆规划固定的路线和班次，并使用较舒适的旅游巴士供观光客搭乘，以Perama这个旅游公司所经营的巴士最常见，这些车子行经主要观光地区，如果时间配合得上，其实算是相当方便，价格当然会较Bemo或长途客运来得更高。欲搭乘Perama巴士，该公司网站可查询相关时间表，建议事先至Perama的车站或各地的旅游代理店购买票券，也可在官网上预先订购，临时搭车可能会有客满搭不上的情形。记得一定要保留票根，凭票根下次搭乘可以有10%优惠。Perama巴士也提供饭店至搭车点或下车点至饭店的付费接送服务，非常便利。

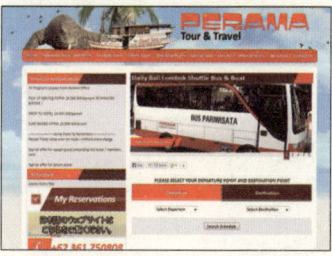

DATA 班 库塔、沙努、乌布、帕丹拜、泉帝塔萨等皆有车站　网 http://peramatour.com/Daily-Bali-Lombok-Shuttle-Bus-Boat.html#
费 Rp.25 000起；饭店接送Rp.10 000/人

⑥ 租摩托车（助动车）、汽车 Car Rental, Motor Bike Rental

租摩托车（助动车）、汽车代步也是巴厘岛常见的交通方式，旅客可事先联络业者在机场交车，若到了市区或行程半途才想租车，库塔、塞米亚克、乌布都有租摩托车（助动车）的地方，或打电话联系租车公司，协商至合适地点租借。详细介绍请见前一单元"巴厘岛机场对外交通"。

7 公共巴士 Public Bus, Trans Sarbagitas

一直到2011年，巴厘岛才有了官方经营的公交车，在这之前，私人经营、破烂不堪的Bemo一直是各区人民的主要交通工具。公共巴士车况很新，和其他各国公交车最大不同是载客舱位置离地很高，所以每个站都特别制作1个高于路面至少2米的水泥登车台。公共巴士目前只有2条路线，经过的都不是观光客常访的区域，因此在扩增更多、更方便的路线之前，不是很建议旅客搭乘。

8 白金巴士 Platinum Shuttle

由当地的TMS旅行社推出的服务，购买白金秘书会员，就可在会员卡有效期限内无限次搭乘穿梭于观光区的巴士，不须另付车资。白金巴士有固定时间、路线，班次虽不频繁，但适合喜欢按表操课的旅行者；另因司机不是华人，所以随车无中文服务。购买白金秘书会员卡须事先向国内各旅行社询问，许多自由行套装都有包含此服务。

DATA 网 http://www.plspriority.com

路线	停靠地点	车程（分钟）	发车时间
库塔(Kuta)—努沙度瓦(Nusa Dua)	库塔白金贵宾室(Kuta Plus Priority Lounge)—Bali Collection Lobby C—君悦饭店(Grand Hyatt)—港丽饭店(Conrad)	50～60	●库塔15:00、19:30、21:30 ●港丽饭店09:00、12:00、18:30
库塔—塞米亚克(Seminyak)	库塔白金贵宾室—Beachwalk—Puri Naga饭店—Kitchen the club餐厅—爆弹纪念碑(Ground zero)—库塔白金贵宾室	105	●库塔09:00、11:00、13:00、15:00、17:00、19:00
库塔—圣泉庙(Tampaksiring)	库塔白金贵宾室—乌布白金贵宾室(Ubud Plus Priority Lounge)—圣泉庙	90（库塔至乌布60）	●库塔10:30、13:30、20:30 ●乌布10:00、17:30、18:00 ●圣泉庙17:00 注 仅有库塔13:30开车班次可抵圣泉庙，其余2班只到乌布
库塔—金塔马尼(Kintamani)	库塔白金贵宾室—乌布白金贵宾室—金塔马尼	150～180	●库塔10:30 ●金塔马尼16:00
库塔—南湾Honeymoon Beach Club	库塔白金贵宾室—DFS免税店—Walet souvenir shop—Coffee factory—金巴兰(Jimbaran)—Bali Collection—君悦饭店—港丽饭店—南湾Honeymoon Beach club	65～95	●库塔08:30、11:30、15:00 ●南湾Honeymoon Beach Club 09:45、13:15、16:45 注 部分站点非每班车都停靠，详情请上官网查询
库塔—沙努(Sanur)	库塔白金贵宾室—沙努白金贵宾室(Sanur Plus Priority Lounge)	30	●库塔10:30、13:30 ●沙努14:15、17:00
库塔—海神庙(Tanah Lot)	库塔白金贵宾室—海神庙白金贵宾室(Tanah lot Plus Priority Lounge)	60	●库塔10:30、13:30 ●海神庙15:00、18:00
库塔—金巴兰(Jimbaran)	库塔白金贵宾室—金巴兰	20～25	●库塔18:15 ●金巴兰20:00

注 路线、班次时间可能变动，请以官网公布为准。

Chapter3 快乐出发篇

 **主要景区车程对照表**（单位：分钟）

	Uluwatu 乌鲁瓦图	Ungasan 金巴兰山丘	Nusa Dua 努沙度瓦	Tj. Benoa 丹戎白努亚	Jimbaran 金巴兰	Kuta 库塔、机场	Legian 雷根	Seminyak 塞米亚克
Uluwatu 乌鲁瓦图	—	15	35	40	25	40	50	60
Ungasan 金巴兰山丘	15	—	20	20	10	25	35	45
Nusa Dua 努沙度瓦	35	20	—	5	10	20	30	40
Tj. Benoa 丹戎白努亚	40	15	5	—	15	30	40	50
Jimbaran 金巴兰	25	10	10	15	—	15	25	35
Kuta 库塔、机场	40	25	20	25	15	—	10	20
Legian 雷根	50	35	30	40	25	10	—	10
Seminyak 塞米亚克	60	45	40	50	35	10	10	—
Kerobokan 克罗柏坎	70	55	50	60	45	30	20	10
Benoa 港白努亚港	50	35	30	40	25	10	10	20
Sanur 沙努	55	40	35	45	30	15	25	35
Denpasar 登巴沙	70	55	50	60	45	30	40	30
Ubud 乌布	110	95	90	100	85	70	60	110
Tanah Lot 海神庙	100	85	80	90	75	60	50	40

	Kerobokan 克罗柏坎	Benoa 港白努亚港	Sanur 沙努	Denpasar 登巴沙	Ubud 乌布	Tanah Lot 海神庙
Uluwatu 乌鲁瓦图	70	50	55	70	110	100
Ungasan 金巴兰山丘	55	35	40	55	95	85
Nusa Dua 努沙度瓦	50	30	35	50	90	80
Tj. Benoa 丹戎白努亚	60	40	45	60	100	90
Jimbaran 金巴兰	45	25	30	45	85	75
Kuta 库塔、机场	30	10	15	30	70	60
Legian 雷根	20	20	25	40	60	50
Seminyak 塞米亚克	10	30	35	30	110	40
Kerobokan 克罗柏坎	—	40	45	20	100	30
Benoa 港白努亚港	30	—	5	30	75	70
Sanur 沙努	45	5	—	15	55	75
Denpasar 登巴沙	20	30	15	—	80	60
Ubud 乌布	100	75	55	80	—	140
Tanah Lot 海神庙	30	70	75	60	140	—

注 列表为可直达的计程车、出租休旅车之理想时间，仅供参考，实际车程可能依路况有所变动。

前往印度尼西亚其他地区

顺游印度尼西亚热门旅游区

从巴厘岛前往其他地区的交通方式，主要以航空为主，只有前往东部的龙目岛（包括吉利岛）有快艇及渡轮航行。另外，巴厘岛跟爪哇岛间有长途旅游巴士运行，路线从登巴沙的车站出发，经过西北部的吉利马努克，登上渡轮越过巴厘海峡，然后继续行驶到泗水、日惹以及雅加达等大城市。

1 飞机 Airplane

从巴厘岛机场搭乘国内线班机可飞往印度尼西亚多个城市，如雅加达、日惹、泗水或附近的龙目岛。印度尼西亚航空(Garuda Indonesia)为印度尼西亚的国家航空公司，班次较多，服务一般来说也比较好。

巴厘岛飞往印度尼西亚各主要城市的航空公司及飞行时间表

目的地	飞行时间	航空公司
雅加达(Jakarta)	2小时	印度尼西亚、孟巴迪、比翼、城联
日惹(Yogyakarta)	70~80分钟	印度尼西亚、狮子
泗水(Surabaya)	50~70分钟	印度尼西亚、孟巴迪、比翼、城联
龙目岛(Lombok)	45分钟	印度尼西亚、孟巴迪、比翼

如何使用印度尼西亚国内线航空

购买国内线机票
印度尼西亚的国内线航空大都可以在航空公司官网、订票比价网站上查询航班、时间、价格并订位，当然也可以通过旅行社的协助。巴厘岛街上的旅游代理店也有代订服务，只是价格不一，需要多加比较，才能买到优惠票价。

行李限制
托运行李不可超过30公斤，随身行李限1件，重量不超过5公斤，且尺寸不得超过规定（长56厘米×宽23厘米×高36厘米）。另外，国内线的飞机机种比较多样，部分较小型的飞机在行李上会有不同的限制，须于购票时确认清楚。

划位登机
印度尼西亚的国内线搭机程序比国际线简单得多，起飞前2小时，办理登机手续的柜台就会开始作业，旅客只要备妥证件及机票，再到机场划位领取登机证即可，最晚必须要在起飞前30分钟办完划位手续，并在起飞前25分钟抵达登机口。提前抵达机场是比较妥当的方式，要注意水、饮料等液体同样不可带上飞机。

机上服务
国内线的机上服务每家航空公司、航线都不一样，有的提供点心、饮料，有的则须于机上自费向空服人员购买，机上娱乐设施也是依各家而定，详情可上航空公司官网查询。

> **Tip 搭国内航班遇到突发状况怎么办？**
>
> 每家航空公司都有可能有延误状况，前1天确认也未必准确，唯一的方式就是多参考航空公司官网、询问服务人员或上背包客栈等网站，看看网友分享的心得。若遇到班机延误，除了耐心等待外，也可以直接询问航空公司人员相关情形与接下来的安排，在国外大吵大闹不仅有失体面，且一般航空公司都是按照规定与体制做事，多吵不一定有糖吃。

Chapter3 快乐出发篇

② 快艇 Fast Boat

巴厘岛和龙目岛（主要是吉利三岛）每天都有许多快艇来往巴厘岛的帕丹拜(Padangbai)及南部沙努附近的塞朗杠码头(Serangan)，约75分钟到1.5小时，价格虽比国内线飞机贵，却比较省时。搭飞机到龙目岛航程虽然只需要45分钟，但还要舟车劳顿换车到港口再转小船，才能前往大多观光客必访的吉利三岛。推荐的快艇公司如下：

● 塞朗杠码头与吉利T之间往返
度假岛屿快艇公司(Island Getaway) ☎081-370-741-47、081-916-733-051 🌐http://www.island-getaway.com
蓝水快艇(Blue Water Express) 🌐http://www.bluewater-express.com 注途经帕丹拜

● 帕丹拜与吉利T间往返
吉利之猫(The Gili Cat Express) 🌐http://www.gilicat.com
海洋之星(Ocean Star) 🌐http://www.oceanstarexpress.com
吉利吉利(Gili Gili) 🌐http://www.giligilifastboat.com

🌀 巴厘岛往吉利3岛快艇说明表

出发港口	抵达港口	所需时间/分钟	网址
Pandang Bai 帕丹拜	Gili 吉利	75	http://www.bluewater-express.com
Serangan 塞朗杠	Gili 吉利	120	http://www.bluewater-express.com

③ 渡轮 Ferry

四面环海的巴厘岛，渡轮主要对西与爪哇、对东与龙目岛之间有密集往来。

🌀 前往爪哇

从巴厘岛西部的吉利马努克(Gilimanuk)每30分钟会有1班前往爪哇西部巴望(Banyuwangi)的渡轮运行，每天24小时来回穿梭巴厘海峡，航行时间约30分钟，票价Rp.6000/人，当场购票即可。只是这渡轮是可以容纳大巴士、汽车、卡车的轮船，而这些巴士、汽车上下渡轮的时间通常比航程还久。

🌀 前往龙目岛

自帕丹拜港口搭乘渡轮前往龙目岛，渡轮每小时1班，不过很少准时，且船龄老旧，建议天气不好时最好避免搭乘。渡轮费用Rp.36 000/人，航行时间约4～5小时，船票仅在帕丹拜码头乘船处有卖。

④ 长途巴士 Coach

长途巴士由登巴沙的乌本车站(Ubung)出发，目的地包括爪哇岛上的雅加达、梭罗、日惹、泗水等各大城市；巴士自登巴沙出发至吉利马努克停留接受安检后，开上渡轮到爪哇的巴亚望(Banyuwangi)再继续开往目的地。车程与费用如下：

到雅加达：车程约24小时，费用约Rp.370 000
到日惹：车程约16小时，费用约Rp.215 000
到泗水：车程约10小时，费用约Rp.250 000

Chapter 4
达人行程篇

行程 1：	奔向海角天涯 14 日游	**102**
行程 2：	精华经典 5 日游	**110**
行程 3：	潜水爱好者专用 5 日游	**112**
行程 4：	博物馆文化探访 5 日游	**114**
行程 5：	欢乐亲子动物园 1 日游	**116**
行程 6：	海滩酒吧放纵 1 日游	**117**
行程 7：	逛街血拼腿酸 1 日游	**118**
行程 8：	电影景点朝圣 1 日游	**119**

预算 印尼盾 Rp.

本单元的第 1 日即抵达巴厘岛的第 1 日；最后 1 日则为搭机离开巴厘岛的当日，"住宿费"依照各行程类型，安排不同等级的民宿或饭店，若为 14 日的行程，则支付 13 晚的住宿费用。"交通费"依照旅程中各景点之间的交通工具来计算，以出租休旅车、长途巴士、渡轮等的票价粗略估计，大多行程以出租休旅车为主要交通工具。"饮食费"、"杂支费"依照各行程安排的餐厅、博物馆、购物商店等，取基本开销来计算，但整个行程的总开销仍可能因个人消费习惯与实际情况不同而有差异。

Tip 关于司机休旅车

在巴厘岛旅行，没有大城市方便的地铁、班次频繁的巴士，就连计程车也不是随处可见，因此雇用含司机服务的休旅车，是最安全又便利的移动方式。不过有时如果投宿地点较偏僻，司机无法当日回到其居住地（大部分位在南部、乌布、登巴沙一带），则雇主必须要支付司机外宿费用，一般大约RP.150 000/晚。

行程1 奔向海角天涯14日游

巴厘岛在印度尼西亚里是一个特别的省份，兼容印度尼西亚本土文化又有其岛屿独立性，多姿多彩的风情值得花时间慢慢品味。一般旅行团走马观花带你走个5天4夜，赶鸭子兼买药行程只是匆匆带过，如果你有足够的休假时间，又愿意仔仔细细1次把巴厘岛看个够，这个包括岛上各区精华景点的深度游行程将可以让你满足心愿。

本行程预算

交通费	Rp.7 100 000
住宿费	Rp.7 780 000
饮食费	Rp.3 100 000
杂支费	Rp.2 671 000
总计	Rp.20 651 000
换算人民币约	**10 250元**

DAY 1 ○ 努拉来国际机场（车程约48分钟）⇨ 海神庙（车程约38分钟）⇨ 塔巴南民宿

抵达巴厘岛努拉来国际机场，完成证件、海关手续，由事先预约好的塔巴南民宿主人瓦扬亲自接机，首先在夕阳之前抵达巴厘岛最知名的**海神庙**（详见P.147）欣赏落日，观赏耸立在海上的神庙美景，随后瓦扬将载你到位于塔巴南乡间的民宿，也就是**瓦扬的家**（详见P.056），这最能体验道地的巴厘岛人生活。

傍晚，你可以自由漫步在村子里，或是跟着邻居小孩一起到田里放风筝、踢足球，一边等着瓦扬太太料理好今日的晚餐，你将和瓦扬以及家人们闲聊话家常。

DAY 2 ○ 村庄健行（车程约24分钟）⇨ 嘉帝路维（车程约40分钟）⇨ 阿韵花园神庙（车程约21分钟）⇨ 塔巴南夜市

别想睡太晚，瓦扬帮你准备的行程会在早餐后开始。早餐后，换上球鞋，跟着瓦扬在村庄的田间小路健行，你会见识到巴厘岛人的种稻哲学、**速坝克水源分配系统**（详见P.010）、神庙，幸运的话你可以见到塔巴南人的神山：**巴度考火山**（详见 MAP▶P.017.C2），或是你会在田野间遇到正在辛勤工作的农人们的热情招呼。

午餐后，稍作休息，瓦扬会一路为你讲述许多巴厘岛的故事，并驱车载你到被列入世界遗产的**嘉帝路维梯田区**（详见P.147），那是巴厘岛最壮观的梯田景观，你可以一边在梯田边的小咖啡厅喝个浪漫咖啡，一边欣赏美不胜收的梯田景观。

阿韵花园神庙（详见P.146）是已经灭亡的孟威王国的国庙，护城河围绕着美丽的巴厘岛寺庙，非常美丽壮观，随后前往**塔巴南市区的夜市**，亲自品尝当地小吃，感受一下巴厘岛的夜市与咱们的有啥不同。

回到民宿后还有晚餐可享用，用毕可以早点休息，因为今天的行程实在太丰富，你一定累呆了！

Chapter4 达人行程篇

DAY 3　● 塔巴南民宿（车程约43分钟）➪ 布拉坦湖（车程约15分钟）➪ 双子湖高峰（车程约45分钟）➪ 新葛拉加（车程约10分钟）➪ 罗威那

　　早餐后，瓦扬太太会教导你如何**以草编织传统祭祀供品所需的容器**，并且**为你穿上传统的巴厘岛服装**，让你感受到"当一个真正的巴厘岛人"。

　　随后搭乘事先约好的专用包车，告别瓦扬一家人的热情款待，前往百度库的**布拉坦湖**（详见P.144）参观，这里有被印在印尼货币上的**布拉坦湖水女神庙**（详见P.145），矗立在湖水上，美得梦幻、美得惊艳。

　　可在沿路的草莓餐厅或是餐饮店午餐后，继续驱车北上，沿途欣赏布拉坦湖、坦布林干湖的美景，车行至山的最高处时，有一些小店，你可以下车喝杯咖啡，搭配炸香蕉当点心，因为山崖边的座椅，可以让你同时欣赏到**坦布林干湖及布扬湖**（详见P.144）。

　　接着继续前往北部第1大城**新葛拉加**（详见P.151），在南边的库塔、登巴沙还没有兴起时，这里是巴厘岛最繁华的城市，有许多殖民时代的遗迹，已经废弃的港口仍可感受到当年繁华的景象，另外新葛拉加也是巴厘岛非常有名的大学城。

　　傍晚下榻北部知名度假胜地罗威那的**罗威那星光酒店**（详见P.057），晚餐可前往**罗威那中心**（详见P.152）用餐。今晚同样建议早点休息，明天一大早有需要早起的活动。

DAY 4 ○ 罗威那海豚之旅（车程约 15 分钟）⇨ 班家温泉（车程约 10 分钟）⇨ 古佛寺（车程约 10 分钟）⇨ 色里里（车程约 50 分钟）⇨ 鹿岛梦想度假村

清早大约6点开始集结出发，搭乘八爪渔船出海，驰骋在天色微亮的海湾上，等待日出与海豚的踪迹，这是来罗威那必玩的趣味活动。

活动结束后回饭店享用早餐并稍作休息，稍后前往**班家温泉**（详见P.153），享受巴厘岛式的热带丛林原始温泉。泡完温泉后，可继续前往附近的**古佛寺**（详见 MAP▶P.154.B1），这是巴厘岛印度教文化中很难得的印度教风格的寺庙，寺内幽静祥和，非常庄严。

你可以在**色里里**（详见P.152）附近享用午餐，这一带是巴厘岛知名的**哈登葡萄酒**（详见P.023）种植葡萄的秘密基地，虽不对外开放，但是沿着小路走进去，就可以看到大面积的葡萄园。

今晚夜宿位于班由维丹(Banyuwedan)的**鹿岛梦想度假村酒店**（详见P.056），你可以同时享受房间内的海底温泉，也可以在饭店的餐厅用餐，尽情欣赏国家公园的美丽景色。

注 今天请务必先把明天的鹿岛浮潜或潜水行程安排、预订妥当。如果你喜欢潜水，也可以选择在抵达班由维丹前的**佩母特兰**（详见P.154）住下，这座宁静的海边村庄，海底尽是当地居民与国外科学家开发出来的海底人造珊瑚礁，热带鱼群非常丰富。

Chapter4 达人行程篇

DAY 5

○ **登上鹿岛**（船班航程30～40分钟）➡ **班由维丹**（车程约30分钟）➡ **吉利马努克**（车程约30分钟）➡ **鹿岛梦想度假村**

你可在鹿岛梦想度假村、班由维丹或是拉布罕拉朗(Labuhan Lalang)3个地方租船前往**鹿岛**（详见P.153），航程约30～40分钟。度假村的包船费用较高，但许多用具、饮料都会帮你准备好。幸运的话，你会在航程中遇到海豚或是鲸鱼。登上鹿岛，你可以参观岛上的神庙，以及找寻传说中渡海而来的鹿群。这座岛周围的海域是潜水客口耳相传、必来朝圣的海底天堂，就算不会潜水，戴着蛙镜、吸管、套上救生衣，你一样可以亲睹这片美丽水域。

午后返航回度假村休息或午餐，下午驱车前往巴厘岛与爪哇岛间的交通要港**吉利马努克**（详见P.154），附近有**史前人类博物馆**(Museum Manusia Purba Gilimanuk)可以参观，随后在港边观看往来海峡间的**巨型渡轮**如何在30分钟内行走于两岸，也许你也可以买张船票，离开巴厘岛前往爪哇岛土地，不过记得还要回来就是了。

特别辣的鸡肉饭是吉利马努克的名产，位于旧车站的**天贝妈妈辣鸡肉饭**(Rumah Makan Men Tempeh)，是被巴厘岛人视为最好吃的美味之一，嗜辣者千万别错过。

回度假村之前，你可经过吉利马努克的国家公园总部或是拉布罕拉朗，这两个地方都有国家公园的向导人员，你必须要先跟他们预约明天出行的时间、价格。

预算够的话，傍晚可预订**度假村内的温泉别墅**，面对海湾及红树林的SPA房间绝无仅有，没有比这个更享受的了。晚餐至酒店的**海边餐厅**用餐，这附近什么都没有。

注 前往鹿岛的船只可能因为天气而停开。

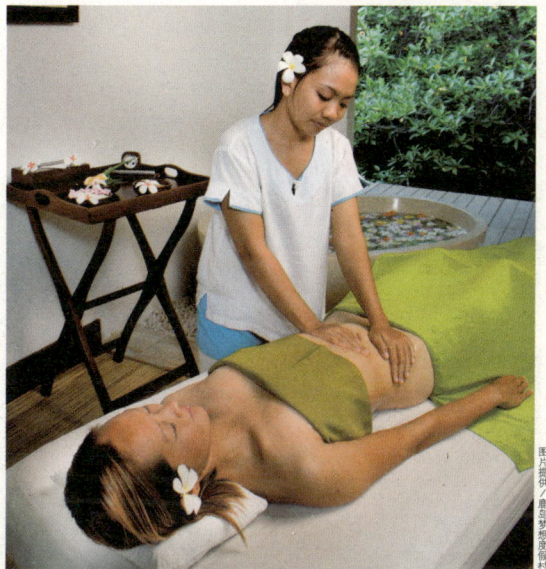

DAY 6 ● 鹿岛梦想度假村 ⇨ 国家公园健行（车程约 2 小时 40 分钟）⇨ 乌布

一早与国家公园向导会面，进行 2～3 小时的**健行活动**，向导会从海边的红树林带你走到深邃的森林当中，一路为你解说沿路的自然生态，你有机会碰到许多珍贵的野生动植物，也有机会看到山里的巴厘岛寺庙。

午后，告别巴厘岛的西北部，翻山越岭驱车前往乌布，抵达乌布后，购票欣赏**乌布王宫的巴厘岛传统舞蹈演出**（详见P.026）。今晚建议可夜宿乌布的**特高纱丽**（详见P.057）。

DAY 7 ● 乌布市场 ⇨ 乌布王宫（自行车 25 分钟）⇨ 象洞

早上可骑单车逛逛**乌布市场**（详见P.047），同时顺便参观对面的**乌布王宫**（详见P.137），也可以前往王宫对面知名的**欧卡妈妈烤猪饭**（详见P.021），品尝这道知名的巴厘岛风味餐。

午后建议骑着单车前往位于乌布中心南方 7 公里路程的**象洞**（Goa Gajah，详见 MAP ▶P.146.B2），这是 11 世纪巴厘岛先人修行的神圣宝地，很难想象洞窟前的女神喷水雕像及浴场在 1950 年之前，竟然是被埋藏在不为人知的土里。

傍晚返回乌布，来到位于**内卡美术馆**（详见P.027）对面的**淘气诺莉烤肋排店**（详见P.139），来一杯必醉的马丁尼是我的最爱。

Chapter4 达人行程篇

DAY 8

○ 乌布（车程约30分钟）⇨ 圣泉庙（车程约5分钟）⇨ 卡威山遗迹（车程约15分钟）⇨ 特嘎啦让（车程约30分钟）⇨ 巴度尔湖畔

告别乌布，随后北上坦帕西林(Tampaksiring)，拜访被当地人视为神泉的**圣泉庙**（Pura Tirta Empul，详见 MAP▶P.146.B2），清澈的泉水源源不断地涌出，许多当地人都来此祭拜，顺便下水洗涤身心灵。

圣泉庙附近的**卡威山**（Gunung Kawi，详见 MAP▶P.146.B2），是11世纪时的国王，为了纪念其宠爱的妃子们所兴建的纪念性工程建筑，他们在山壁上凿出巴厘岛人崇拜的佛塔，鬼斧神工，令人叹为观止。

北上的途中，你会顺道经过**特嘎啦让**（详见P.143），可以下车在此用餐，或是购买一些便宜有趣的手工艺品，不过这里的重点是道路边的餐厅，其对面是一大片的梯田，你可以边午餐边享受这片壮丽景色。

餐后驱车前往巴度尔火山（湖）区，首先会先抵达火山外环的**金塔马尼**（详见P.143），这里可以一睹**巴度尔火山**（详见P.142）的全貌，另外可参观附近的**巴度尔神庙**（详见P.143），这是巴厘岛最重要的庙宇之一。

紧接着循山势往下，进入**巴度尔湖区**，**透耶本嘉**（详见P.143）有许多小型简单旅店，例如**湖畔小屋**（详见P.057）就值得推荐，在那边安顿下来后，你可以漫步在巴度尔湖边，在清凉的火山湖畔欣赏美丽景致。

晚餐别忘了品尝当地湖里盛产的**烤木嘉鱼**(Ikan Mujair)，其实就是吴郭鱼，无污染的环境下，这鱼特别好吃。你可以直接向住宿的旅店，或是前往**PPPGB巴度尔登山导游协会**（详见P.030）预订明天一早的巴度尔火山登山健行之旅。

DAY 9

○ 巴度尔火山登山（车程约1小时30分钟）⇨ 塞米亚克

这是一个辛苦又充满挑战性、冒险性的早晨，因为登山领队将在清晨4点到你下榻的旅店迎接你，在满天星空的黑暗中，熟悉巴度尔火山的登山领队将举着火把，引领你攀登这座巴厘岛人引以为傲的神山，大约在清晨06:30左右，你会在山顶上看到太阳从远方龙目岛的高山中升起，那是令许多人难以忘怀的经验，在日出光辉中享用登山向导准备的野外早餐，之后缓缓下山，回到旅店休息。

休息后驱车前往南部的**塞米亚克**，为了缓和这几日浪迹天涯的疲累，首先来到"**舞动手指**"（详见P.035），你可以享受令身体感动的SPA。午餐可以在**马连先生烤猪饭**（详见P.021）搞定，这是远近驰名的巴厘小吃，能发挥抚慰心灵的作用。你还可以随意漫步塞米亚克街头。黄昏时前往**洋芋头海滨俱乐部**（详见P.040），沉浸海滩酒吧慵懒风情。晚餐前往塞米亚克大街上的**马爹小吃店**（详见P.019），感受最受背包客欢迎的老店风情。今晚建议夜宿**塞米亚克法维酒店**（Fave Hotel Seminyak，详见P.057）。

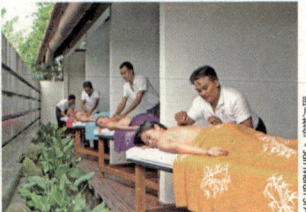

DAY 10

● 塞米亚克（车程约40分钟）➡ 乌鲁瓦图（车程约30分钟）➡ 金巴兰海滩

今日搭车前往乌鲁瓦图的**帕当帕当海滩**（Padang Padang Beach，详见 MAP▶P.133.A1），这是电影《享受吧，一个人的旅行》(Eat, Pray, Love)中，女主角茱莉亚罗伯兹与剧中巴西男友的邂逅地点拍摄地，你可以在此消磨一个上午的时间，一旁的小摊子、饮料店家可以供给你足够的饮料与美食。

下午，前往乌鲁瓦图悬崖边的**乌鲁瓦图神庙**（详见P.133），它是巴厘岛9座最重要神庙的其中一座，感受其与印度洋融为一幅绝佳美景的画面。稍晚，你可以在黄昏时分欣赏到悬崖边舞台的露天**克差舞**（详见P.026），以大海为背景，每一时分都有颜色变化的夕阳天空仿佛是帷幕一般，衬托出这传统舞蹈之美，绝对令人难忘。

欣赏完表演后，前往山下金巴兰海边的**里雅咖啡**（详见P.020），这里可以品尝到最知名的金巴兰椰壳炭烤海鲜，在海滩上听浪涛，欣赏远处飞机排队降落的画面，这一顿晚餐又美又浪漫。今晚继续留宿塞米亚克法维酒店。

DAY 11

● 塞米亚克（车程约25分钟）➡ 登巴沙（车程约20分钟）➡ 沙努（车程约35分钟）➡ 克龙宫（车程约25分钟）➡ 帕丹拜

今天搭车前往巴厘岛首府登巴沙，参观**巴厘省立博物馆**（详见P.027）、**宇宙神庙**（详见P.135），并前往**巴东市场**（详见P.135），体验全巴厘岛最热闹、最大的传统市场是如何进行日常生活的商业贩卖。

午餐转到沙努的**巴度金巴咖啡餐厅**（详见P.023），享用简单的巴厘岛风味午餐，并品尝最好吃的布朗尼蛋糕。午餐后，你可以漫步在**沙努海滩**（详见P.136），体验这巴厘岛最早被西方观光客青睐的观光区，虽然繁华不再，不过宁静的气氛，却被讨厌吵闹的游客视为宝地。

海滩边的**勒梅耶博物馆**(详见P.136)是比利时的画家勒梅耶与巴厘岛年轻雷公舞者的故居，也是陈列许多勒梅耶先生作品的美术馆，非常值得一游。

随后前往古克龙宫王国的王宫遗迹所在**瑟马拉普拉**（又称克龙宫Klungkung），这里的古代花园法庭（详见P.149）及旁边的博物馆，可以让你了解古克龙宫王国的生活样貌。

傍晚前往**帕丹拜**（详见 MAP▶P.148.A2），你可以漫步在这个纯朴的小渔港，在港边的道路上有许多小型的餐厅及小旅店，推荐您住宿**帕丹拜海滩旅店**(详见P.057)。

Chapter4 达人行程篇

DAY 12

○ 帕丹拜（步行约8分钟） ⇨ 蓝色珊瑚礁海滩（车程约50分钟） ⇨ 母庙（车程约1小时30分钟） ⇨ 阿美

　　早晨醒来，你可以到海边走走，这里热闹非凡，欲前往龙目岛的人们络绎不绝地正聚集到这里准备搭船，而在港口翻过小山丘的另一边，是神秘的**蓝色珊瑚礁海滩(Blue Lagoon Beach)**，这里的海水碧蓝无瑕，浪漫得不得了，你可以与路边的浮潜店交涉，他们提供相关的浮潜器具，别错过了跟美丽的珊瑚礁鱼群打招呼的机会。

　　中午可以在**蓝色珊瑚礁海边的餐厅**或是回到港口附近用餐，餐后收拾行囊，前往巴厘岛人地位最崇高的庙宇、位于最高峰阿贡火山山麓的**贝沙奇母庙**（详见P.148）。母庙的庙群建筑让人叹为观止，你可以感受到阿贡火山吐纳出的灵气也让人心生敬畏，要注意的是最好自己携带沙龙，以及母庙入口处的导游会强迫你雇用他们。今晚建议夜宿**阿美**的**普瑞威拉塔度假村**（详见P.057）。

DAY 13

○ 阿美（车程约30分钟） ⇨ 安拉普拉（车程约20分钟） ⇨ 巴厘纯粹餐厅（车程约30分钟） ⇨ 阿美

　　一早花费约30分钟的车程，和**巴厘纯粹餐厅**（详见P.029）来自澳洲的主厨兼老板佩妮(Penelope Williams)一起在**安拉普拉(Amlapura)的传统市场**碰面，今天的烹饪课程从买菜与认识巴厘岛传统食材开始，接着回到巴厘纯粹餐厅学习巴厘岛式的烹饪技巧，在面对着阿贡火山的餐厅里学习做菜，你学到的不仅是厨艺技巧，无敌美景的伴随，还有佩妮的亲切笑容，都将让你难忘，课程会在享用自己烹调出的午餐中结束。

　　午后回到阿美下榻的旅店，享受**阿美海湾**（详见P.150）宁静无波的海水美景，你可以选择潜水、浮潜，或是静静地在海边享受阳光与海水的恩泽，阿美以及附近**小镇土狼奔**（详见P.150）海岸不远处的海域中有第二次世界大战时期的沉船遗迹，你可以借用救生衣游个几米，轻易地欣赏到满是鱼群的海底沉船。晚餐可于**葛爹餐厅**（Restaurant Gede Fish & Langustinos Asia，详见 MAP▶P.148.B1）享用新鲜的海鲜料理。累了就一样回到**普瑞威拉塔度假村**吧！ 注 烹饪课程需事先预约。

DAY 14

○ 阿美（车程约2小时） ⇨ 努拉来国际机场

　　早餐后到海边散步，享受阿美海边的宁静，随后驱车前往**努拉来国际机场**返国，大约2小时的车程中，你可以细细回味这一趟巴厘岛海角天涯之旅的点点滴滴。

行程2 精华经典5日游

由于航空公司及旅行社多半把较便宜的团体优惠票规划成5天，加上工作及预算的限制，为了玩得巧又玩得省，大部分的旅人也就把自己的旅游天数设定为5天。虽然巴厘岛5天根本玩不够，不过为了配合大多数游客的实际需求，我就给只有5天假期、又想自助游巴厘岛的读者设计一趟"经典之旅"。

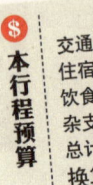

本行程预算	
交通费	Rp.2 450 000
住宿费	Rp.1 000 000
饮食费	Rp.1 000 000
杂支费	Rp.1 223 000
总计	Rp.5 673 000
换算人民币约	3330元

DAY 1　努拉来国际机场（车程约48分钟）➡ 海神庙（车程约34分钟）➡ 塞米亚克

抵达巴厘岛努拉来国际机场，完成证件、海关手续，搭车前往**海神庙**（详见P.147），欣赏巴厘岛最美丽的落日景观，你可以在**海边岩石上的餐厅**放松地喝个饮料，舒缓一下刚下机的匆忙与慌乱。回程的路上，建议你到**塞米亚克的星星超市**（详见P.045），你往后几天要的日用品几乎里面都有贩售。随后入住塞米亚克的**法维酒店**（详见P.057），晚餐可尝试**马爹小吃店**（详见P.019）或是位于**烫青菜街的巴库小吃店**（详见P.019），可以品尝到巴厘岛甚至印度尼西亚各地的多样菜色。

DAY 2　塞米亚克（车程约1小时）➡ 乌布王宫（自行车约5分钟）➡ KAFE餐厅（自行车约5分钟）➡ ARMA美术馆（自行车约25分钟）➡ 象洞（车程约1小时）➡ 塞米亚克

早餐后搭车前往乌布，首先参观**乌布王宫**（详见P.137）以及逛逛王宫对面**乌布市场**（详见P.047），早上是当地市集的乌布市场，此时变成了专门贩售观光客纪念品的特区，记得好好享受杀价的乐趣。午餐别忘了前往王宫对面的**欧卡妈妈烤猪饭**（详见P.021），品尝这必吃的美味。

下午不妨来个**单车之旅**，王宫附近的街角有几家自行车出租店，建议你沿着哈诺曼路（Jl. Hanoman）往南骑，途中你会经过以健康有机概念生活为主干、在乌布非常知名的**巴厘精神（Bali Spirit）旗下的KAFE餐厅**（详见P.139），你可以在此喝杯有机咖啡，搭配有机糕点补充体力，之后继续往南骑，乌布3大美术馆之一的**ARMA美术馆**（详见P.027）就在你的左手边，这里收藏许多珍贵的画作，非常值得一看。接着你可以继续骑到5公里外的**象洞**（Goa Gajah，详见 MAP▶P146.B2），那是非常珍贵的古巴厘岛文明的遗迹。

畅游乌布后，返回**塞米亚克**住处，晚餐不妨前往欧贝罗伊大街（Jl. Oberoi）品尝**卡伊马**（详见P.025）的摩洛哥菜，享受难得的异国风味。

如果遇到周末的话，**库德塔**（详见P.041）、**洋芋头**（详见P.040）、或是**烫青菜街**（详见P.039）的夜生活，绝对是热闹非凡。今晚还是住在塞米亚克的**法维酒店**。

● 塞米亚克（车程约1小时30分钟）⇨ 嘉帝路维（车程约40分钟）⇨ 布拉坦湖景点（车程约15分钟）
⇨ 双子湖景点（车程约2小时）⇨ 乌鲁瓦图神庙（车程约30分钟）⇨ 金巴兰海滩

　　早餐后出发往北，探访巴厘岛最漂亮的梯田景观**嘉帝路维**（详见P.147），宽阔的梯田道路边，有几家小咖啡厅，那里会是观赏梯田最棒的位置。随后沿着布满稻田、果园的道路来到**百度库**，你可以在此欣赏到**布拉坦湖、水神庙**（详见P.145）的美丽景观，在此风景区的附近山丘上，是占地广阔的**巴厘岛植物园**（详见 MAP▶P144.A2 ），植物园内部的一片丘陵是观赏布拉坦湖最佳的地点。午餐可以在百度库的**草莓小站**（Strawberry Stop，详见 MAP▶P144.B3 ）解决，这里是以草莓为主打的餐厅，提供各式本地生产的草莓所烹调的料理。

　　午餐后，车子继续沿着公路上行，几分钟后你就可欣赏到此区另外2座大湖：**坦布林干湖、布扬湖**（详见P.144），山路的中间是制高点，请下车喝杯咖啡，搭配炸香蕉当点心，悬崖边的座椅可以让你坐下，悠闲地欣赏着这两座原本相连的湖泊。

　　接着，车子往南部开去，在日落之前要抵达最南端的**乌鲁瓦图神庙**（详见P.133），欣赏庙宇和印度洋融为一体的画面，黄昏时的露天克差舞会在悬崖边的舞台表演，天空、大海成了夕阳的画布，分秒变化万千，成为最绮丽梦幻的背景。

　　欣赏完表演后，到山下金巴兰海边的**里雅咖啡**（详见P.020）品尝金巴兰椰壳炭烤海鲜，在海滩上数着天上的星辰。同样夜宿**法维酒店**。

● 塞米亚克（车程约1小时20分钟）⇨ 特嘎啦让（车程约30分钟）⇨ 巴度尔火山

　　早餐后，前往**巴度尔火山**（详见P.142），欣赏火山美景。沿途经过**特嘎啦让**（详见P.143），可以在此用餐，也有很多便宜又有趣的手工艺品，可买来当作纪念品或是礼品。不妨在此**道路边的餐厅**享用一杯咖啡或是午餐，你会为了餐厅对面一大片的梯田景观发出惊叹。

　　随后前往巴度尔火山区，首先会先抵达火山外环的**金塔马尼**（详见P.143），一睹巴度尔火山的全貌，参观附近巴厘岛最重要庙宇之一的**巴度尔神庙**（详见P.143）。接着循着山势往下，进入巴度尔湖区，**透耶本嘉**（详见P.143）有一些小餐厅或是旅店，你可以在那边喝杯饮料，一边欣赏巴度尔湖的湖光山色，一边享受山区空气的清新凉爽。午后，返回南部前往**蓝洋海滩**（详见P.124），这里纯粹躺在沙滩上发呆、休息，一边欣赏帅哥、美女，一边回味几天来的巴厘岛体验。晚餐不妨直接就在海滩边的**似曾相识厨房**（Dejavu Kitchen，详见 MAP▶P126.B4 ）享用轻松的美食，但别太晚回到**法维酒店**啰。

● 塞米亚克（车程约10分钟）⇨ 普拉那SPA（车程约30分钟）⇨ 机场

图片提供／Prana SPA

　　享受美味的早餐后，前往**普拉那SPA**（详见P.035），享受到巴厘岛必做的浪漫体验，在宛若新生Baby的清新下，返回酒店整理行李，准备打包返国。

注　今日不需雇用休旅车，可直接以计程车代步。

行程 3　潜水爱好者专用 5 日游

这个行程对于海底世界爱好者来说，绝对是可以潜到天荒地老、潜到满足得不得了的行程。巴厘岛有着多处世界知名的海底潜水点，不全部走一趟实在是说不过去，虽然 Alex 不会深度潜水，不过我却非常喜欢使用呼吸管、蛙镜，加上救生衣就可完成的浮潜活动，因此对于巴厘岛有哪些漂亮的海域也有小小心得。这行程特别适用于如果只是想要进行浮潜的朋友，如果你热爱海洋，但是假期只有短短 5 天，相信这条行程可以帮助到你。不过，记得相关的潜水活动须事先与当地的专业潜水中心预约好哟！

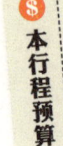

本行程预算

交通费	Rp.3 500 000
住宿费	Rp.2 000 000
饮食费	Rp.1 000 000
杂支费	Rp.3 140 000
总计	Rp.9 640 000
换算人民币约	**5650元**

DAY 1

○ 努拉来国际机场（车程约 1 小时 30 分钟）⇨ 泉帝塔萨

抵达巴厘岛努拉来国际机场，直接搭车前往东海岸的**泉帝塔萨**（详见 P.149），这里是巴厘岛东部最知名的潜水小镇，沿途可以欣赏巴厘岛东部的海岸风光。抵达后入住旅店，建议住宿点是 **Alam Asmara Dive Resort**（详见 P.057），并于泉帝塔萨街上吃晚餐，这里的主要街道有一些小餐厅，或是可以在你的旅店享用晚餐。

DAY 2

○ 泉帝塔萨（车程约 1 小时）⇨ 阿美

早餐后，与预约好的潜水店人员碰面，搭船出海在泉帝塔萨附近的海湾进行潜水活动，这附近的潜点包括泉帝塔萨与帕丹拜（详见 MAP▶P.148.A2）之间的海湾里的海上礁石小岛，或是离岸边不远的海域，尤其是**蓝色珊瑚礁海岸**，特别适合初学者。

午餐后，搭车前往**阿美**（详见 P.150），同样记得事先联络潜水店，碰面后即跟着教练前往阿美海域进行浮潜，这里的海底分成离岸边约5分钟船程的**阿美之墙海域**(Amed Wall)，以及岸边不远的**人工鱼礁**，两处都有色彩非常丰富的珊瑚礁及鱼群。黄昏时分入住旅店后晚餐及休息。今晚建议夜宿 Hidden Paradise Cottages（详见 P.057）。

 **DAY 3** ◯ 阿美（车程约 15 分钟）⇨ 土狼奔（车程约 2 小时 30 分钟）⇨ 佩母特兰

早餐后，前往**土狼奔**（详见 P.150）与当地潜水中心的人员碰面，这里的潜水重点是离岸边不远的**第二次世界大战时期美国自由号船骸**，在沉船处有着大批美丽的珊瑚礁以及鱼群。

潜水完毕，休息午餐后，驱车前往**佩母特兰**（详见 P.154），你会由巴厘岛最北边的海岸公路自东向西行，见识到另一侧的巴厘岛。佩母特兰的海底遍布**人工鱼礁**，这些鱼礁是由人工以电力刺激制造而成，鱼群与海底生物的景致十分迷人，请事先与下榻的旅店人员联络安排潜水活动。

今晚夜宿 Reef Seen Divers'Resort（详见 P.057），晚餐就在旅店附设的餐厅或是街上的小餐馆用餐。

图片提供／Mimpi Tulamben Resort

 **DAY 4** ◯ 佩母特兰（车程约 20 分钟）⇨ 班由维丹（船班航程约 30 分钟）⇨ 鹿岛（车程约 30 分钟）⇨ 班由维丹（车程约 20 分钟）⇨ 佩母特兰（车程约 1 小时 10 分钟）⇨ 班家温泉

 **DAY 5** ◯ 佩母特兰（车程约 3 小时）⇨ 机场

由于路程遥远，如果你的回国班机是下午，建议你**最迟早上 10 点一定要出发**，这样沿途至少还有一些时间稍作休息或用餐。悠闲地抵达机场后，就可以办理出境手续，搭机回国啦！

图片提供／鹿岛梦想度假村

早餐后，驱车前往班由维丹码头，搭乘包船前往**鹿岛**（详见 P.153），鹿岛的海底因火山作用，产生落差较大的深浅地阶，栖息的生物也因此较多样化，专业的潜水教练将带领你亲身体验不同的水域，并接触各式各样的海底生物。如果只有潜水还不够满足，登岛**探访鹿群**、参观岛上的**神庙**都是可以考虑加入的行程。

下午回到**佩母特兰**，你可以轻松地在海滩上放松休息，或是前往 1 小时车程外的**班家温泉**（详见 P.153）泡汤，舒松筋骨。今晚建议还是留宿 Reef Seen Divers'Resort，并在饭店解决晚餐。

行程4　博物馆文化探访5日游

对于某些喜欢巴厘岛的人来说，这座岛最无法抗拒的魅力，就是丰富深厚的文化与多彩缤纷的艺术，正因着这样特殊且迷人的背景，当地除了土生土长的艺术家外，长久以来更吸引了无数来自世界各国的艺术大师到此生根定居，而为数众多的博物馆就是读者亲近创作者思维的绝佳途径。为了喜爱艺术的朋友，我深深觉得有必要规划这条既可以触碰巴厘岛历史、又能接近艺术创作的特别行程，让这些有着细腻灵魂的人可以更贴近这个盛产艺术的国度。

本行程预算
交通费	Rp.1 120 000
住宿费	Rp.2 800 000
饮食费	Rp.1 200 000
杂支费	Rp.6 750 000
总计	Rp.11 870 000
换算人民币约	**6960元**

DAY 1

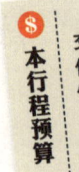

○ 努拉来国际机场（车程约30分钟）⇨ 沙努

班机抵达巴厘岛后，可搭计程车前往**沙努**（详见P.136），入住下榻酒店，建议可选择**绿洲酒店**（详见P.057）。晚餐在酒店对面沙努的**椰子小吃店**（详见 MAP▶P.136.B2）用晚餐。

DAY 2

○ 沙努（车程约25分钟）⇨ 登巴沙（车程约40分钟）⇨ 乌布

今日早餐后，前往**沙努海滩**（详见P.136）的**勒梅耶博物馆**（详见P.136），参观当年比利时大画家勒梅耶与他的巴厘岛舞娘太太的工作室，以及馆内展出的大师遗作。

随后驱车前往巴厘岛首府**登巴沙**（详见P.134），参观全岛最大规模的**巴厘省立博物馆**（详见P.027），这里收藏了全巴厘岛各王国（区域）不同风俗习惯下产生的文物，博物馆的旁边是供奉巴厘岛人信仰最高神祇的**宇宙神庙**（详见P.135），也是当地政府管辖的最高级庙宇。随后，你可以前往附近的**巴东市场**（详见P.135），看看这个巴厘岛最大的传统市场，里面的食材以及当地人买菜、卖菜的情况，都和我们印象中的传统市场有些不同，非常有趣。

市场边的大象将军街（Jl. Gaja Mada）上，有一家巴厘**黄金咖啡总店**（详见P.042），你可以前往品尝当地最知名的咖啡，顺便选购礼品。

午餐你可于**市场边的街上餐馆**享受当地美食。餐后驱车前往巴厘岛的艺术之镇：乌布，抵达后先前往旅馆check-in，放下沉甸甸的行李，建议入住**特高纱丽**（详见P.057）。随后你可以散步参观**乌布王宫**（详见P.137），以及王宫附近由前王子以及荷兰艺术家一手创立的**艺术宫美术馆**（详见P.027）。

晚餐可前往乌布吊桥边的**暮尼小吃店**（详见P.137），享受这家年代久远的巴厘岛餐厅的佳肴。

Chapter4 达人行程篇

DAY 3

○ ARMA 美术馆（自行车约 5 分钟）⇨ 脏鸭子餐厅（自行车约 10 分钟）⇨ 布兰柯文艺复兴美术博物馆（自行车约 5 分钟）⇨ 内卡美术馆

早餐后，可向酒店或街上店家租借自行车，这是今天游览乌布不可或缺的交通工具。首先骑往乌布南边的**ARMA美术馆**（详见P.027），这里原是做绘画买卖的阿贡赖先生的私人藏馆，不过由于搜集的画作越来越多，价值也逐渐攀升，于是政府当局与他合作，把此地打造成一座馆藏非常丰富的美术馆，也同时经营着咖啡厅、旅馆以及其他的文化艺术相关事业。

在和ARMA美术馆同边的路上，就是当地非常有名的**脏鸭子餐厅**（详见P.020），你可以在这里点俗称脏鸭的"香酥炸鸭"当做午餐。

午餐后，你可以沿着猴园路(Jl. Monkey Forest)往北骑回乌布王宫前，然后往西前往绘画风格前卫另类的**布兰柯文艺复兴美术博物馆**（详见P.139），看看布兰柯先生如何用图像描绘他心中的性感女性。

继续往西边骑，你会来到**内卡美术馆**（详见P.027），这里收藏着巴厘岛各时期风格迥异的绘画及艺术作品，馆藏十分丰富，而最知名的是阿布督·阿济斯的画作《相互吸引》。

晚餐，在内卡美术馆对面的**淘气诺莉小吃店**（详见P.139）享用香嫩的炭烤猪肋排。每天晚上7点半在**乌布王宫前广场都有传统舞蹈表演**（详见P.026），当场支付Rp.80 000买票即可，如果你有兴趣，可在晚餐后前往观赏。今晚继续留宿**特高纱丽**。

DAY 4

○ 乌布（烹饪课程、烤猪饭、逛街）

今天来接触巴厘岛"吃"的文化，早上跟着**月亮之家烹饪学校**（详见P.029）的老师到市场买菜，顺便观摩巴厘岛人都在吃些什么，随后回到烹饪教室，依照老师的指示，自己动手做出美味可口的巴厘岛菜。每天课程的内容都不一样，须事先询问、预约，烹饪课程都包括有午餐，也就是把自己料理出来的菜吃掉。

如果很不幸地失手，让自己做的菜难以下咽，别担心，课程结束后，不妨到乌布王宫前的**欧卡妈妈烤猪饭**（详见P.021）去补充热量，这是到乌布必吃的美味。

下午可以考虑回饭店休息，或是在乌布街上游逛，猴园路(Jl. Monkey Forest)或是王宫对面的**乌布市场**（详见P.047）都是购物的好地方。晚餐在猴园路上的**莱妈妈酒吧餐厅**（Ibu Rai Bar & Restaurant，详见 MAP▶P.138.B2）享受各种美味的巴厘岛餐或西餐，顺便欣赏街上来往的行人。今晚照旧继续在**特高纱丽**过夜。

DAY 5

○ 乌布（车程约 1 小时）
⇨ 库塔（车程约 15 分钟）⇨ 机场

早上退房后，驱车前往南部**库塔**（详见P.122），利用最后时间在**发现购物中心**（详见P.047）稍微血拼一下，满足旅人的乐趣，午餐在购物广场附近的**蓝鳍**（详见P.024），享受新鲜美食后，带着满足的心情前往机场搭机返回。

115

行程5 欢乐亲子动物园1日游

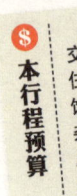

巴厘岛也适合带着小朋友一起同乐，位于东部海岸的巴厘岛野生动物及海洋动物园，有着和一般动物园不一样的野生动物区，搭着安全的游园车，那些来自各地不同种类的狮子、斑马、大象都在你车子边游走。在可爱动物区，小朋友可以就近和长毛猩猩拍照，也可以在戏水区尽情地玩水，我最推荐隔着玻璃和狮子一起吃饭的"狮子餐厅"和《巴厘之王》歌舞剧，那是这里的高潮。

本行程预算	
交通费	Rp.600 000
住宿费	Rp.500 000
饮食费	Rp.250 000
杂支费	Rp.500 000
总计	Rp.1 850 000
换算人民币约	1085元

○ 南部酒店（车程约1小时）➡ 巴厘岛野生动物及海洋动物园（车程约30分钟）➡ 南部酒店

在酒店享用早餐后，出发前往位于东部海岸公路吉安雅（Gianyar）行政区的**巴厘岛野生动物及海洋动物园**（详见 P.031）。抵达40公顷大的园区，带着孩子搭乘游园车进入丛林冒险世界，你们会在不同的园区看到狮子、老虎、大象、猩猩……各种野性十足的动物近在眼前，体验与大自然亲密接触的感动。

中午时到**狮子餐厅**享用大餐，隔着强化玻璃，与狮子们一起共进午餐，无论是大小朋友，都会喜欢上这种新鲜又刺激的用餐方式。

下午就跟孩子一同享受园区内的水上设施吧，这里一向受到游客的好评欢迎，也能让自己清凉一些，疲惫感也因为戏水而全部消除。另外，你也可以参加**骑大象**的活动，或是欣赏大型歌舞剧《巴厘之王》的演出。

黄昏时分，搭乘休旅车返回南部酒店，无论是小吃店、**烤猪饭**（详见P.021）、**法式餐点**（详见P.024）或**日本料理**（详见P.024），在南部都很容易找到，挑一家适合全家大小的地方享用晚餐吧！

注1：园区有从南部库塔、努沙度瓦、沙努等地区出发的接送专车，或是你可以自行雇用休旅车前往（较推荐）。
注2：大型歌舞剧《巴厘之王》非每日演出，注意演出日期、时间。

行程 6　海滩酒吧放纵1日游

如果你就住在金巴兰区，不要错过这条行程。你可以一睹金巴兰海鲜市场，渔获与人潮排列出可谓"壮观"的景象，并享受巴厘岛难得的白色沙滩金巴兰海滩。你还可以就近到附近的陶瓷精品馆或GWK文化公园逛逛。黄昏时勾着你心爱人的手，搭乘缆车电梯到悬崖下，一边听浪涛，一边饮鸡尾酒，一边看落日余晖，给今天一个最浪漫的结局。

本行程预算	
交通费	Rp.100 000
住宿费	Rp.500 000
饮食费	Rp.300 000
杂支费	Rp.50 000
总计	Rp.950 000
换算人民币约	**480元**

● 南部酒店（车程约30分钟内）➡ 金巴兰（车程约30分钟）➡ 南部酒店

早餐后，驱车前往昔日为小渔村的**金巴兰**（详见 P.130），首先抵达**鱼市场**（详见 P.131），观看当地渔民如何将渔获利用小船运补上岸，再由人力挑到市场内拍卖，同时你也可以在此购买到许多新鲜的鱼货，回到 Villa 请厨师烹调，最即时捕捞的新鲜海产料理近在眼前。

之后，你可以到**金巴兰海滩**（详见 P.131）戏水，享受纯净白沙滩以及蔚蓝天空的洗礼，并且享受微风下的舒服日光浴。

午餐，在**金巴兰角落购物中心**（Jimbaran Corner，详见 MAP▶P.130.B2）的餐厅享受美味的简餐。餐后前往金巴兰街上的**准嘎啦陶瓷中心**（详见 P.048），参观精致的陶瓷家居用品，当然你也可以花钱买下，无论是自用或是赠礼，都很实用体面，因为这是巴厘岛陶瓷艺术的商业化代表。

接着驱车前往 **GWK 文化公园**（详见 P.132），参观未完成的巨型天神及神鹰雕像，并俯瞰金巴兰湾及巴厘岛东、西海岸线的美丽景观。

随后前往**岩石酒吧**（详见 P.131），这是位于爱雅娜酒店所在的悬崖下方的绝美酒吧，来到巴厘岛，一定要挑一天的日落时分前来此地，落日余晖映红整片印度洋的不可思议的风景，你绝对不能错过。

欣赏完落日，肚子大概也饿了，就近前往金巴兰海滩上的**里雅咖啡**（详见 P.020），享受金巴兰老店的椰壳碳烤海鲜美食，餐后返回酒店。

行程 7　逛街血拼腿酸 1 日游

到巴厘岛怎么可以不逛街，满街的纪念品、杂货商品那么好逛、好买，错过了更待何时呀？从发现购物广场开始一直到库塔海滩这条路线是巴厘岛最经典款的逛街路线，如果体力够的话，还可以接着转战塞米亚克大街及欧贝罗依大街上的个性小店，中间若累了可以在蓝洋海滩休息一下，或到路边小SPA馆做个便宜的脚底按摩恢复脚力也不错，别怕踩到地雷。

本行程预算	
交通费	Rp.50 000
住宿费	Rp.500 000
饮食费	Rp.500 000
杂支费	Rp.0
总计	Rp.1 000 000
换算人民币约	**505元**

● 发现购物中心（步行约5分钟）⇨ 库塔艺术市场（步行约5分钟）⇨ 库塔中心（步行约5分钟）⇨ 库塔海滩（车程约15分钟）⇨ 蓝洋海滩（步行约10分钟）⇨ 塞米亚克大街（步行约10分钟）⇨ 欧贝罗伊大街

早上大约10点出门，前往**发现购物中心**（详见 P.047）逛街，无论是名牌精品、平价品牌、一般生活用品甚至礼品，都能在这里找到，占地宽广的购物中心，就算只是逛逛也开心。

接着走路前往附近的**库塔艺术市场**（详见 P.047），这里专门贩卖巴厘岛风的手工艺品、纪念品，不仅选择众多，也是非常适合练习杀价功夫的地方，喜欢热血购物的旅人不能错过。

除此之外，一旁的**库塔中心**（Kuta Center）也值得来看看，这里有许多流行服饰店以及百货公司，沿着路一直逛，你会走到**库塔海滩**（详见 P.122），这里完完全全可以让你逛到脚酸，但却又有十足让人放松的海洋就在跟前，疲倦一扫而空。

午餐前往库塔最早的背包客餐厅：**马爹小吃店**（详见 P.019）用餐，感受早期背包客只身来到这个度假天堂的情景。

午后前往**蓝洋海滩**（详见 P.124），你可以在沙滩上晒太阳，或是在海滩边的露天餐厅享受下午茶。

接着，在开着许多个性小店的**塞米亚克大街**（Jl. Raya Seminyak）漫步，你可以一路走到**欧贝罗伊大街**（Jl. Oberoi），在这里同样可以逛逛许多个性小店，其中**塞米亚克购物中心**（详见 P.127）内拥有更多的商店。

晚餐就直接在**欧贝罗伊大街**上挑选喜欢的餐厅，各国许多美食餐厅都聚集在此地，吃饱喝足后再返回饭店。

行程 8 电影景点朝圣1日游

什么时候我们可以假装自己是电影中的主角，浪漫地把电影中主角所做的事情在现实生活中实现一次？电影《享受吧！一个人的旅行》中，女主角茱莉亚罗伯兹在乌布过的生活，是很多人心中向往的，所以这个有点新鲜、有点个人式浪漫的行程，非常适合女性朋友。和好姐妹们一起执行更好玩，记得你们的演出要逼真、入戏喔！

本行程预算

交通费	Rp.600 000
住宿费	Rp.500 000
饮食费	Rp.400 000
杂支费	Rp.200 000
总计	Rp.1 700 000
换算人民币约	**1050元**

○ 南部（车程约1小时）⇨ 乌布榖仓瑜伽（步行10分钟、搭车5分钟）⇨ KAFE餐厅（车程约15分钟）⇨ 赖爷他家（车程约15分钟）⇨ 乌布市区骑脚踏车（车程约8分钟）⇨ 淘气诺莉小吃店（车程约1小时）⇨ 返回南部

早上大约9点出发，前往**乌布**进行瑜伽之旅，你可以直接参与**榖仓瑜伽**（详见 P.029）的课程，让自己的心灵先沉淀一番，即使初学者也能轻松上手。在这里你会遇到很多瑜伽伙伴，她们给你的感觉，就像是遇见电影中的女主角小莉一般。

瑜伽结束后，前往附近的**KAFE餐厅**（详见 P.139）用餐，这里的有机健康食物，是追求乌布性灵生活女性们的最爱，美味又不会对身体造成负担。而且在这里，你遇到的"小莉"会比在瑜伽中心遇到的多1倍。

午餐后稍微休息，在预约的时间里拜访位于乌布马斯村的**赖爷他家**（详见 MAP▶P.138.B4），赖爷是电影中的智慧老人，在小莉的人生转折过程中出现，你可以让赖爷看手相，让他告诉你未来会有多么辉煌浪漫。

随后，前往**乌布市中心**（详见 P.137），你可以在此租脚踏车，骑在乌布的田园附近，一边享受午后阳光的浪漫，一边吸收这块土地吐纳出的热情能量，释放自己内心沉积已久的某些东西。不过，倒是别像电影中小莉一样，骑着脚踏车被撞到路边，不是每个相撞的都是真命天子。

夕阳西下后，你可以踩着精神饱满的浪漫步伐，在乌布**淘气诺莉小吃店**（详见 P.139）享受炭烤猪肋排的美味，老板娘诺莉说茱莉亚罗伯兹在拍摄时期，曾经和剧组人员来她店里大啖过猪肋排，你不妨去跟诺莉聊聊，你们应该会有很多共同的话题。餐后告别浪漫的乌布，搭车返回南部。

Chapter 5
分区导览篇

库塔·雷根 ····· 122
· 库塔海滩 · 库塔广场 · 波皮巷 · 爆炸纪念碑 · 硬石餐厅 · 蓝海海滩

塞米亚克·克罗柏坎 ····· 125
· 咖啡巴厘餐厅 · 塞米亚克广场购物中心 · 巴厘热食 · 美提斯

丹戎白努亚·努沙度瓦 ····· 128
· 丹戎白努亚海滩 · 巴厘精品购物中心 · 格格海滩

金巴兰·乌鲁瓦图 ····· 130
· 金巴兰海滩、鱼市场、岩石酒吧、新库塔海滩、GWK 文化公园
· 舒鲁班海滩、巴兰杠海滩、乌鲁瓦图神庙

登巴沙 ····· 134
· 普普丹广场 · 巴东市场 · 宇宙神庙

沙努 ····· 136
· 沙努海滩 · 勒梅耶博物馆

乌布 ····· 137
· 乌布王宫 · 暮尼小吃店 · KAFE · 淘气诺莉小吃店 · 布兰柯文艺复兴美术馆
· WARUNG MAMAYA BALI

巴度尔火山与巴度尔湖 ····· 142
· 巴度尔火山 · 金塔马尼 · 透耶本嘉 · 巴度尔神庙 · 特嘎拉让

百度库与布拉坦湖 ····· 144
· 双子湖、高峰咖啡 · 帕充 · 展帝昆宁公园、湖水女神庙

中西部 ····· 146
· 阿韵花园神庙 · 克兰比坦王宫 · 海神庙 · 神圣巴度神庙 · 嘉帝路维

东部及东北部 ····· 148
· 贝沙奇母庙 · 古代花园法庭 · 阿贡火山 · 泉帝塔萨
· 环瑟拉亚火山海岸道路 · 阿美 · 土狼奔

北部及西北部 ····· 151
· 新葛拉加 · 罗威那 · 色里里 · 班家温泉 · 巴厘岛国家公园 · 鹿岛
· 吉利马努克 · 佩母特兰

符号代表信息
交交通方式 **网**相关网址 **时**营业时间 **览**参观门票 **费**费用 **地**地点位置 **址**地址 **电**相关电话
注备注事项

库塔·雷根
Kuta·Legian

巴厘岛最具知名度的观光胜地

库塔原本是处工匠、渔民聚集的贫穷村落，然因区内的库塔海滩(Kuta Beach)总是吸引无数外国人前来冲浪、晒日光浴，让这里与往北延伸的雷根区逐渐发展成为巴厘岛最热门的观光区域，观光饭店、特色餐厅、服饰精品店林立，知名度居高不下，慕名而来的观光客络绎不绝。但也由于观光客多，这些地方的犯罪率相对较高，许多来自异地的娼妓、扒手及大麻贩经常混杂在人群中，为了避免麻烦，最佳的自保之道就是随时提高警觉，不好奇，减少让人有动你歪脑筋的机会。

库塔海滩 Kuta Beach

位于Jl. Pandai Kuta 海边绵延数公里长的库塔海滩，一直是许多冲浪客及裸体主义者的天堂，但这里是公共海滩，政府有明文规定"在印度尼西亚的公共场所裸体是非法的"，因此，想享受日光浴，也别以那些满不在乎的欧美女郎为榜样。在海滩上，游泳与不游泳的人一样多，加上卖T恤、纪念品、按摩、编头发的小贩到处都是，气氛非常热络。这里可以玩沙戏水，跟小贩杀价买东西，或让他们编编头发、天南地北地聊天，都非常有趣，可以度过具有海滩风情的一天。

DATA　　　　　　　　　　MAP ▶ P123.A2
址 位于 Jl. Pandai 海边，Kuta,Badung

库塔广场 Kuta Square

库塔广场可说是巴厘岛最繁华的地段，从早到晚车水马龙、人来人往川流不息。所谓"广场"，其实是被一条双线道的马路划分开的两边商店，主要贩卖各式观光客到巴厘岛的"必买"商品。这里的精品店是我们熟知的 Prada、Versace、D&G 等品牌，全部都以令人超乎想象的低价出售，到底是真是假，你我应心知肚明。4层楼的太阳百货是这带最大的购物中心，喜欢血拼的人，都不会错过前来此地的机会。

DATA　　　　　　　　　　MAP ▶ P123.B4
址 Jl. Kartika Plaza 的北边延伸处　时 约 10:30-22:00

波皮巷 Poppies Gang

沿着库塔海边的两条小巷子就是波皮巷，分属1号与2号 (Poppies Gang1、Poppies Gang2)，这两条巷子里充斥着各种背包客的生活所需，包括民宿、旅游规划、行程贩售，小吃店、盗版DVD店、冲浪店等。每天傍晚，没有太多预算的青年男女就会到小店里买一瓶啤酒，一群认识与不认识的人就坐在路边的阶梯上，畅谈他们精彩绝伦的旅行经验。想要与背包客一起体验巴厘岛的生活，波皮巷绝对是最好的选择。

DATA　　　　　　　　　　　　　MAP ▶ P123.B3
址 沿着库塔海边的两条小巷子

爆炸纪念碑 Bali Bomb Monument

2002年10月12日，巴厘岛发生了震惊全球的恐怖攻击爆炸案，为了追悼罹难者并祈求人类之间的和平，隔年的这天，政府在事发地点雷根路与Poppies Gang II 交会处附近建立这座爆炸纪念碑，并由当时的总统梅瓦蒂主持纪念大会。碑上刻着罹难者的姓名，以供后人凭吊致意，除了每年的10月12日都会在此举行纪念仪式之外，由于纪念碑位居闹市区，从白天到晚上，前来驻足致意的观光客亦川流不息，若路经此地，建议保持肃穆的心情以及静默的态度。

DATA　　　　　　　　　　　　　MAP ▶ P123.B3
址 Jl. Legian, Gang Poppies II 对面，Kuta, Badung

硬石餐厅 Hard Rock Café and Hotel

坐落于库塔海滩大道上，对面就是知名的库塔海滩，"硬石酒店"(Hard Rock Hotel) 最大的卖点就是每天23:00开始的现场摇滚乐团驻唱，以及知名DJ驻店播放的流行金曲与MV，每晚都吸引无数来自世界各地的观光客聚集，等着在此饮酒狂欢，感受巴厘岛式的摇滚热情。餐厅里的食物充满美式风味，包括汉堡、薯条、炸鸡翅、烤牛排等，搭配啤酒最对味。此外，如果对搜集"硬石系列"的商品有兴趣，别忘了顺道参观一下餐厅内附属的精品店 Hard Rock Store。

DATA　　　　　　　　　　　　　MAP ▶ P123.B3
址 Jl. Pantai Kuta - Banjar Pande Mas Kuta　电 (0361)755661　网 http://www.hardrock.com　时 周日~周四 11:30-01:00, 周五~周六 11:30-02:00

蓝海海滩 Blue Ocean Beach

蓝海海滩其实就是库塔海滩向北延伸的海岸线，位于66大街 (Jl. Double Six 或 Jl. Arjuna) 的尾端。这里是雷根区与塞米亚克 (Seminyak) 的交界，你可以把塞米亚克的个性店家、餐厅与这里连成一气一次逛完，非常方便。蓝海海滩与库塔海滩最大的差别在于这里不像菜市场一样拥挤，海滩上的人群稍微少了些，也比较悠闲，许多内行人会来到这里享受阳光与酒水。海滩旁的街道上，有一整排的海滨餐厅、酒吧，几乎每间店都有免费无线上网设备，你可以独自在此欣赏海滩上的美景。

DATA　　　　　　　　　　　　　MAP ▶ P126.B4
址 Jl. Double Six 或 Jl. Arjuna 的尾端

塞米亚克·克罗柏坎
Seminyak·Kerobokan
南部的时尚生活圈

库塔及雷根北部这一大片地区，原本只是库塔周边的小村落，然而，由于库塔快速发展造成过度拥挤，许多投资者纷纷把眼光放到这块距离库塔不远处的小地方——塞米亚克及更北部的克罗柏坎，因此带动了这两个地区的观光发展。随着许多知名酒店、别墅、餐厅与夜店在此兴建，加上原有的海滩景致与田园风光，塞米亚克与克罗柏坎渐渐展现出不同于观光胜地库塔、雷根的风貌，目前已发展成知性、时尚兼具的生活圈。

咖啡巴厘餐厅 Café Bali

是间充满殖民时代建筑风格的餐厅，拥有轻松悠闲的气氛。木板钉成的墙面、高挂在天花板上的吊灯、电扇、白底的墙面又有些许的淡粉红，墙上的各式小镜子装饰，点缀出许多丰富的色彩。印度尼西亚、巴厘岛、日本、中国与西式的多重混搭风格餐点，使得前来这里用餐的客人很多元。来此享受一些轻松的点心，喝上1杯香醇的巴厘岛咖啡，看着自己的书，度过不用工作的周日早晨，是种很棒的享受。

DATA MAP▶P126.B2
址 Jl. Oberoi, Kerobokan, Badung 电 (0361)736384

塞米亚克广场购物中心 Seminyak Square

坐落于欧贝罗伊大街上,是此区最大的购物广场,2层楼的建筑。虽然没有库塔的规模,不过咖啡厅、服饰店、运动用品店、手工艺品店、书店、美食之家超市(Casa Gourmet)样样都齐全,停车场在星期日会有假日跳蚤市场、生鲜食品市场,不失为一处逛街的好去处。

DATA   MAP ▶ P126.A2
址 Jl. Kayu Aya, Seminyak, Badung 电 (0361)732106 时 09:00-21:00 网 http://www.seminyaksquare.com

巴厘热食 Bali Deli

本区最时尚的高级超市,专门提供来自各国的蔬菜、水果、鲜肉、火腿以及起司,甚至连澳洲进口的生蚝也可以在这里买到。这里还有一个面包坊,每天都会供应新鲜面包。在干货、杂货方面,从欧美、日本和中国台湾、香港与中国大陆进口的罐头、面条、糖果、饼干应有尽有,俨然是住在巴厘岛的外籍人士思乡时的超级大冰箱。超市后方的光点餐厅(Le Spot),可以让你坐在庭院中享受巴厘岛鸟语花香的早晨。

DATA   MAP ▶ P126.C3
址 No.117, Jl.Kunt, Seminyak, Badung 电 (0361)738686 网 http://www.balideli.net 时 07:00-22:00

美提斯 Metis

曾为法国许多政要厨师的豆豆(Nicolas Tourneville)与塞德(Said Alem),原为瓦历山餐厅(Kafe Warisan)的主厨,把巴厘岛的法国菜文化推进了一个高品质殿堂。美提斯入口处为品位十足的古董艺术品店,餐厅则环绕在稻田当中,一旁还有供餐后休息饮酒的Lounge Bar空间。店内提供非常精致高档的法国地中海风格菜式,最具代表性的餐点为嫩煎鹅肝佐覆盆子香醋(Pan-seared Hot Foie Gras With Raspberry Vinaigrette),粉嫩的鹅肝加上覆盆子香醋及樱桃,入口的曼妙滋味,令人无法忘怀。美食搭配田园美景,以及高品质的服务,非常值得。

DATA   MAP ▶ P126.B1
址 No. 6, Jl. Petitenget, Kerobokan, Badung 时 午餐 11:00-16:00,晚餐与酒吧 17:00-02:00 电 (0361)737888 网 http://www.metisbali.com

丹戎白努亚·努沙度瓦
Tangjung Benoa·Nusa Dua

五星度假酒店汇聚的新市镇

1971年，印度尼西亚政府为了促进经济，接受了世界银行的援助，因而展开观光发展计划，打造出努沙度瓦这个充满巴厘岛风味的度假酒店区域。自1979年第一座观光旅馆完工开始，便为当地带来了许多工作机会，也让餐旅学校的学生有了实习场所；如今，这里在盖满国际5星级连锁酒店后，开始往较北边的丹戎白努亚延伸。两个区域都具有一定的观光乐趣：在努沙度瓦区，酒店跟酒店之间的海滩道路是相连的；丹戎白努亚则有巴厘岛最大的水上活动集散地，可以轻松感受到充满海洋风味的度假氛围。

丹戎白努亚·努沙度瓦
周边景点导览图

Chapter5 分区导览篇

丹戎白努亚海滩 Tangjung Benoa Beach

丹戎白努亚海滩是巴厘岛最大的水上活动集中区，海滩上有着成排的相关业者，提供香蕉船、拖曳伞、水上摩托车等服务，也有搭乘玻璃底船到附近海龟岛的行程，选择多样化，来玩的多是旅行团，也因此，络绎不绝的大型游览车常使这里的道路塞车。巴厘岛的各大旅馆、别墅或市区街头都有提供丹戎白努亚海滩的水上活动预订，非常方便，不过在丹戎白努亚海滩上的水上活动业者非常多，必须谨慎选择有登记且在活动中有购买保险的公司。

DATA　MAP ▶ P128.B1
址 Tangjung Benoa Beach, Nusa Dua, Badung

巴厘精品购物中心 Bali Collection

巴厘精品购物中心是努沙度瓦区域内唯一的大型购物中心，占地宽阔，拥有许多商店、餐厅、艺品店、服饰店、艺廊及SOGO百货，让住在努沙度瓦的观光客们可以就近血拼及用餐。整个区域规划完整，道路宽敞、树木林立，逛起来十分舒服。每逢黄昏及周末，入口处的中央广场还时常会有乐团演奏。另外购物中心提供努沙度瓦、丹戎白努亚两区各大酒店的免费交通巡回巴士，可上购物中心网站查询，或直接洽询酒店。

DATA　MAP ▶ P128.C3
址 BTDC Complex, Nusa Dua, Badung　电 (0361)771662　网 http://bali-collection.com　时 10:00-22:00

格格海滩 Gerger Beach

格格海滩位于圣瑞吉士酒店海滩旁，原本是一处宁静的公共沙滩，由于受到外海防波堤的隔绝，海水平静，非常适合戏水。海滩上还有一整排的小吃店，贩卖饮料以及当地小食，价钱经济实惠；另一侧还有当地居民的海草田，常可看到采收海草的独特风景。不过，穆利雅酒店（详见P.050）完工后，海草田、公共海滩及小吃店仅剩一小块了，原始自然风光已大半被破坏。

DATA　MAP ▶ P128.B4
址 圣瑞吉士酒店（详见P.051）海滩旁

129

金巴兰·乌鲁瓦图
Jimbaran·Uluwatu

美丽山丘与海湾组成的巴厘岛绝景

在观光业还不发达的时代，金巴兰只是一个贫穷的小渔村，然而，随着四季酒店、丽池卡登酒店等知名饭店的进驻，金巴兰也成为继库塔之后巴厘岛上最抢手的区块。由于这里的景观、气氛宛如宁静美丽的天堂，所以，许多人也跟着买地盖屋，成了高级住宅区。而位于海滩南端的布基山丘，上头坐落许多村落，一般称之为山丘上的金巴兰(Bukit Jimbaran)。继续往南，那是巴厘岛的最南端乌鲁瓦图，断崖的壮丽景观，让这里的景色更显磅礴。在金巴兰山丘，你可以看到整个巴厘岛的海岸线以及高耸入云的阿贡火山；在乌鲁瓦图，你则拥有整片印度洋海无敌海景，那些无时无刻动人心弦的美丽景致，总挑拨着人们渴望放松的心情。

金巴兰周边景点导览图

Chapter5 分区导览篇

金巴兰海滩、鱼市场
Jimbaran Beach、Pasra Ikan

金巴兰海滩位于巴厘岛南部布基半岛的西边，拥有狭长的白色沙滩、干净的海水，最棒的夕阳景观。日落时间约在下午5点到6点之间。建议从四季酒店悬崖下方开始散步，一直走到远处的洲际酒店，这是巴厘岛最漂亮的一段海滩。每天清晨，许多来自印度尼西亚其他地方的渔船，会将载满渔获的船只开到金巴兰湾外海，让当地大盘商挑货。天刚亮时是这里最热闹的时刻，如果你想要尝鲜，不妨买一些回别墅，请私人厨师烹调。

DATA　MAP ▶ P130.B1、B2
址 Jl. Pandai, Kedonganan, Jimbaran, Badung　时 每天清晨开始

岩石酒吧 Rock Bar

岩石酒吧隶属爱雅娜酒店，由于建造在金巴兰海湾的悬崖下方，紧邻浩瀚的印度洋，是巴厘岛最酷的酒吧。黄昏时分是这里最佳的赏景时段，游客搭乘酒店设立的断崖电梯车下到悬崖底下，一根根巨型的火炬，在略显灰暗的暮色中显得格外耀眼，每周五至周日还有乐团在岩石上演奏，点杯招牌马丁尼 Dirty Matini，欣赏落日余晖与浩瀚大海，聆听浪涛拍岸，是最优雅的浪漫。

DATA　MAP ▶ P130.B2
址 AYANA Resort and SPA Bali, Jl Karang Mas Sejahtera, Jimbaran, Badung　电 (0361)702222　网 http://www.ayanaresort.com　时 周一～周四 16:00-01:00，周五～周日 16:00-02:00

图片提供／Simon_sees

新库塔海滩 New Kuta Beach

新库塔海滩早年是一片荒芜之地，在当地人的开拓之下，渐渐成为冲浪者的天堂，因为它拥有极其纯净的蓝天、碧海、白沙，曾被誉为"巴厘岛最后一块宝地"。然而，此地经财团开发后，原本的小吃店及摊贩变成合作社式的集中管理，海边也盖起各式各样的大楼，以及大型的悬崖餐厅 Klapa，风貌彻底改变。来到这里，可以做日光浴、玩沙、戏水，就算只是在沙滩上散步也非常惬意，但要留意这里的浪头颇大，若要游泳得特别小心安全。

DATA
MAP ▶ P133.B1
址 Jl. Uluwatu 马路边，看到 Pecatu Indah Resort 的入口招牌后，右转直走

GWK 文化公园 Garuda Wisnu Kencana Culture Park

位于金巴兰山丘上的 GWK 文化公园，原本是大型综合商场的预定地，因建筑计划违背当地印度教信仰而停工，仅留下巨大的石灰岩像作为地标，现在则是当地居民与观光客闲坐赏景的据点。广场分别矗立着印度教创造之神毗湿奴与其坐骑嘉路达神鹰，并规划剧场、艺廊、餐厅及一座 7500 个座位的表演中心。GWK 文化公园坐拥金巴兰湾与巴厘岛东西两侧海岸线的壮丽景致，是漫步赏景的好去处；高达 46 米的雕像，更是飞机降落巴厘岛前肉眼可及的地标。

DATA
MAP ▶ P130.B3
址 Jl. Uluwatu, Jimbaran, Badung　时 08:00~22:00　电 (0361)703603
网 http://gwk-culturalpark.com

舒鲁班海滩 Pandai Suluban

完全都是岩岸地形的舒鲁班海滩，必须要划到岩岸外的海域才有办法开始冲浪，是有两把刷子的高手喜欢的冲浪地点。每年 7 月至 9 月是这里冲浪的旺季，经常举办许多国际赛事，只见海面上一个个黑点随着海浪波涛汹涌起伏，非常刺激热闹。若不冲浪，也可在礁岩间拾取贝壳或观赏小鱼虾，或利用礁岩形成的天然水池游水嬉戏。海滩边悬崖处有许多小餐厅及饮食店，不妨在此悠享午茶时光，欣赏无敌海景。

DATA
MAP ▶ P133.A1
址 Jl. Pandai Suluban, Uluwatu, Badung，从蓝点湾酒店 (Blue Point Resort) 门口旁小路往海岸走，或经乌鲁瓦图酒店 (Uluwatu Resort) 再沿阶梯往下走

Chapter5 分区导览篇

巴兰杠海滩 Balangan Beach

在 Dream Land 被财团改建,并改名为新库塔海滩之后,爱好冲浪的背包客纷纷改到这里来冲浪。这里仍然维持其原始自然的风貌,海边仅有一家以冲浪客为对象的 Waroeng Damyan 小吃店,白净的沙滩、迎风摇曳的椰子树,没有太多人工设施与观光客,平静的海浪是这里最引人入胜的景致。

DATA MAP▶P133.B1
址 从 Nirmana 超市旁的 Jl. Balangan 进入,一直沿着山路开到海边,约 15 分钟

乌鲁瓦图神庙 Pura Luhur Uluwatu

乌鲁瓦图神庙位于巴厘岛最南端的断崖上,11 世纪由爪哇祭司 Empu Kuturan 以及后世的 Niratha 接续建造,是最受观光客欢迎的神庙,也是巴厘岛上 9 座最重要的神庙之一。乌鲁瓦图神庙最吸引人的地方,就是每天落日前海上的光影变化,建议最好赶在黄昏时前来,因为每天晚上 6 点,庙内的露天舞台都会有传统的克差舞 (Kecak Dance) 表演。进入庙里穿着沙龙,不可穿着短裤、短裙以示尊重。此外,这里的野生猴子往往会趁人不注意偷走身上的物品,须特别小心。

DATA MAP▶P133.A2
址 Jl. Uluwatu 走到底右转　时 09:00-19:00

登巴沙
Denpasar

完全展现巴厘当地生活的城市

登巴沙是巴厘岛的首府，巴厘岛省政府的所当地，也是努拉来国际机场对外的机场代号(DPS)，集政治、经济重心功能于一身。登巴沙主要以普普丹广场为中心，以西是拥有市场、购物中心的生活区，以东则是办公区或是政府单位，对巴厘岛上的人民来说，这是一个什么都有的城市，大家每天生活所需的鸡、鸭、鱼、肉，以及穿着服饰、祭祀产品等都集散于此。然而，这里不像观光区重地库塔，没太多令观光客满意的旅馆或娱乐设施，可以说是完全属于巴厘人的地方，如果没有耐性细心品味当地风土民情，其实不需花时间前来。不过，若想一窥巴厘岛人的日常生活形态、感受有关巴厘岛的历史陈迹，那么，登巴沙将会让你满载而归。此外，由于登巴沙距离巴厘岛南部的观光酒店、别墅区不远，当日来回时间绰绰有余，也因住宿水准没有南部观光区好，建议还是返回南部观光区的原住处较佳。

Chapter5 分区导览篇

普普丹广场 Puputan Square

　　普普丹广场位于登巴沙市中央，拥有一片广大绿地，也是市民的休闲中心。"普普丹"指的是荷兰人统治时期，巴厘岛王室在极力抵抗仍无力挽回局势的情况下，带领所有成员集体自杀、宁死不屈的精神，在当时震惊整个欧洲社会。在岛上许多地方都看得到普普丹抗暴的雕像，普普丹广场上的这座雕像，是规模最大且最具代表性者，由印度尼西亚的爱国艺术大师阿布督阿济斯(Abdul Aziz)带领的团队所设计建造，雕像人物表现出来的愤怒、不屈的神情，常令观者为之动容。

DATA　　　　　　　　　　　MAP ▶ P134.C2
址 Jl. Udayana, Denpasar（位于巴厘博物馆西侧）

巴东市场 Pasar Badung

　　位于巴东河边，是登巴沙最热闹的地方。每天清早，整座市场聚集了生鲜食品、蔬菜、水果、花卉等，日常生活所需要的食材都可以在此买到，相当具有传统市场的"气味"。地下楼层及周围的摊贩主要贩卖生鲜的食品、肉品、蔬菜、水果、花卉，一楼则是一些干货、香料，二楼以上则有平价家居服饰及祭祀用品。在市场观察来往的人群，从高声叫卖的小贩，到为了多要一根葱而争得面红耳赤的妇女，各式各样的巴厘岛人生活形态都真实地呈现眼前。

DATA　　　　　　　　　　　MAP ▶ P134.B2
址 Jl. Gaja Mada 与 Jl. Sulawesi 间，Denpasar

宇宙神庙 Pura Jagatnata

　　位于巴厘博物馆旁、普普丹广场东侧的神庙，供奉印度教的最高神祇 Sanghyang Widi，也是巴厘岛人心目中的玉皇大帝，所有的神都是他的分身。庙堂中间的神龛是用白色珊瑚制成，每层都有不同意义，有一层留空，代表万物皆空的天堂。由于朝拜者众，这座神庙平日虽出入频繁，但若遇盛大祭典，可能停止开放，或需依特殊规矩方能进入；例如每个月逢新月和满月两天，除了举办祭典，还有传统皮影戏表演，进入庙前会被要求围上沙龙以示尊敬，并给予大约Rp.5 000 的香油钱。

DATA　　　　　MAP ▶ P134.C2
址 Jl. Kapten Mudita Dauhpuri, Denpasar

沙努
Sanur

重现巴厘岛往日情怀的村落

沙努区主要是Jl. Ngurah Rai bypass以东到海滩间的区域，其中最热闹的当属Jl. Danau Tamblingan这条贯穿沙努南北的主要道路。20世纪30年代荷兰人统治时，沙努是当时许多欧洲艺术家喜欢前来的地方，因此发展出巴厘岛第一个海滩度假酒店区。这里没有努沙度瓦、库塔等地的过度开发，反而保留了原味巴厘的记忆，吸引许多带着小孩的欧美游客来此长期度假停留。

沙努周边景点导览图

沙努海滩 Sanur Beach

沙努长约5公里的海滩上坐落着许多饭店，最热闹的观光大街Jl. Danau Tamblingan，两旁林立着各式餐厅、商店，以及专门提供给观光客的纪念品店，只要顺着饭店的步道走，即可看见成排的沙努椅上躺着各种身材的泳客，在此享受日光浴，十分具有度假气息。沙努海滩的最大特色就是不嘈杂，除了迎风摇曳的树木，就是一望无际的海洋，许多人都来爱这里寻求宁静。

DATA　　　　　　　　　　　　MAP▶P136.B2
址 Sanur, Denpasar, 从 Jl. Danau Tamblingan 旁的任何一家饭店进入都可以通往沙努海滩

勒梅耶博物馆 Museum Le Mayeur

为比利时艺术家勒梅耶的故居，建筑使用上等红桧木及许多精细石雕、木雕，已成为巴厘岛早期建筑的一个古董范例。勒梅耶的妻子Ni Polok是雷公舞舞者，他经常以妻子上半身赤裸、下半身穿着传统沙龙服装的曼妙舞姿为做画题材，吸引许多西方人士专程来此拜访。由于他们没有子嗣，夫妻过世后，当地政府将这里改建为博物馆，陈列勒梅耶的作品与他们夫妇生活的点滴。

DATA　　　　　　　　　　　　MAP▶P136.A1
址 Jl. Hantuah Le Mayeur, Sanur, Denpasar　电 (0361)286201　时 周一～周四 07:30-15:30，周五 07:30-13:00

乌布
Ubud

巴厘艺术文化以及性灵一应俱全的小镇

谈到乌布，许多人都会立刻联想到艺术，从19世纪初开始，这里朴实与自然的风貌就被西方的艺术家看上，他们甚至融入当地的生活，与当地人有密切的互动。而乌布人在给予西方艺术家创作灵感的同时，也学会用艺术来表现自己的文化特质，在这样的相互影响之下，乌布造就出属于自己的独特风貌，也吸引无数人到此造访与定居，连好莱坞都以乌布为背景拍摄电影。

乌布王宫 Puri Saren Agung

乌布王宫位于主要大街 Jl. Raya Ubud 上，整个乌布几乎都是以此为中心。王宫建于1917年地震后，历史并不算久，但由于乌布皇室仍居住在此，因此王宫便成为一个观光点，只是巴厘岛已经没有王国系统，皇室成员也跟一般人没什么差别，可以欣赏的仅剩下所谓的"宫廷"建筑，王宫每晚 19:30 还有传统舞蹈表演（详见 P.026），是观光客不可错过的重头戏。此外，王宫内有个区域叫做"Puri Saren Agung"，目前已被开放做为民宿，房间是很传统的巴厘岛风格，供应热水。

图片提供／Michel Osmondo

DATA MAP▶P138.B1
址 Jl.Raya Ubud, Ubud Palace, Ubud, Gianyar 时 仅白天开放，遇王室家族祭典时则不对外开放 费 广场每晚 19:30 亦有不同剧码的表演，门票皆为 Rp.80,000（现场直接购票，不须预订）；房价约 65 美元起

暮尼小吃店 Muni's Warung

位于茶潘桥 (Campuhan) 旁边，整座餐厅沿着河谷往下垂直延伸兴建，各楼层可欣赏到不同的河谷景观，吸引许多顾客上门。餐点以巴厘岛及欧美口味美食为主，最值得推荐的就是知名的"香料蒸鸭"(Bebek Betutu)。将全鸭用数十种不同的香料填充其身体内部，表面再以香料腌渍，再裹上香蕉叶，放进温度烧得很高的土坑里闷 6 个小时。香料混合着鸭肉的香气，那股香浓的气味令人胃口大开，想吃这道菜，记得事先预订。

DATA MAP▶P138.A2
址 Jl. Raya Ubud, Campuhan Bridge, Ubud, Gianyar 电 (0361)975233 网 http://www.murnis.com/warung/food.htm 时 09:00-23:00

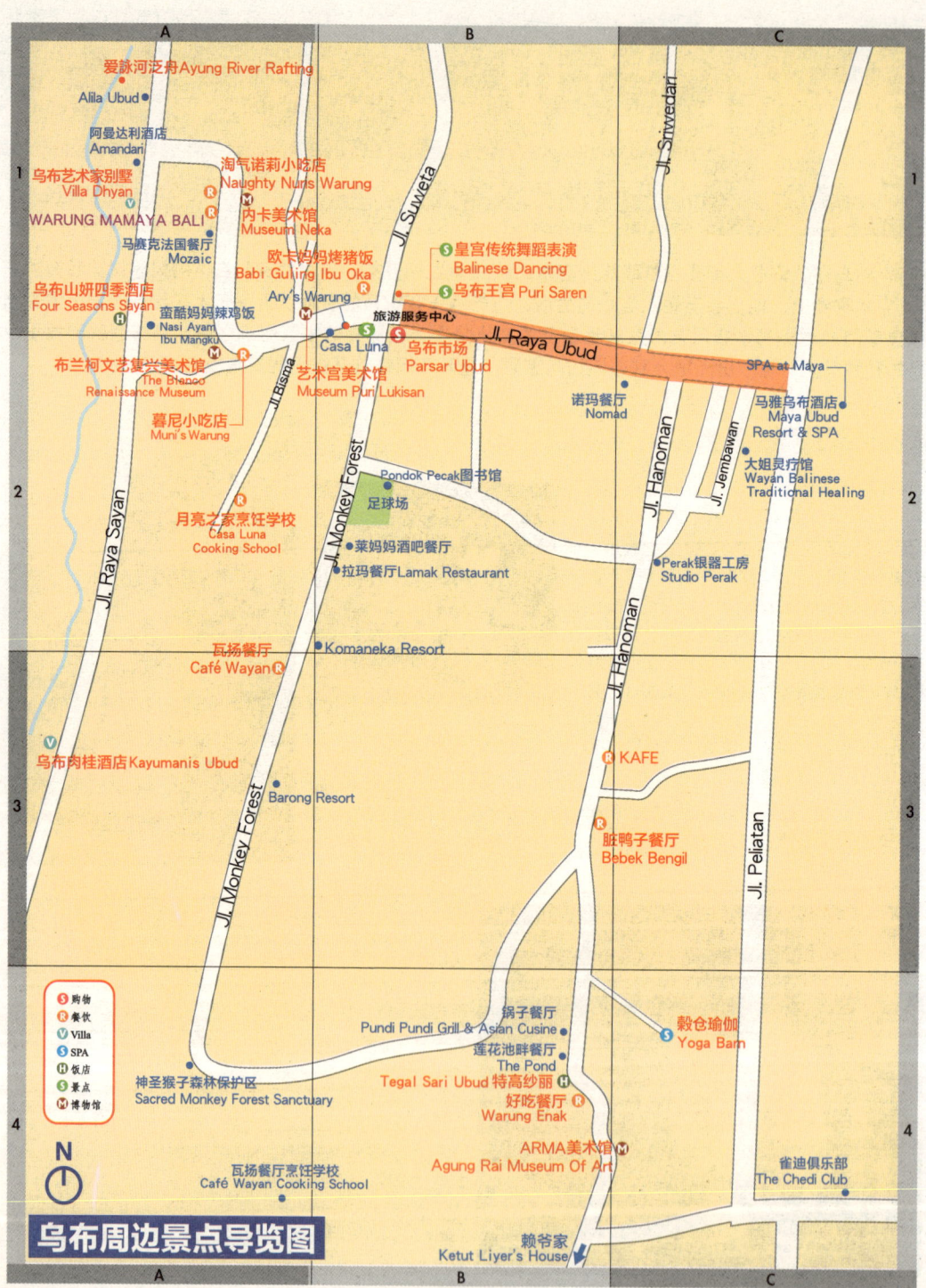

KAFE

由Bali Spirit瑜伽中心的创办人夫妇所经营,餐厅的位置就在瑜伽中心楼下,同样秉持追求身心平衡的理念。店里卖的咖啡、蔬果汁及各式餐点,都尽可能采用天然有机食材,强调新鲜、健康。此外,为了推广有机饮食,该餐厅与隔壁的花店Bloomz还在每周二推出小型有机绿色市场,Bloomz负责有机食材及烘焙食品,而KAFE则研拟可以搭配食材的菜肴,吸引许多崇尚乐活精神的欧美人士及观光客在此聚集,在雅致的环境与轻柔音乐的陪伴下,享用一顿既营养又无负担的美味餐点。

DATA　MAP▶P138.B3
址No.44b, Jl Hanoman, Ubud, Gianyar 电(0361)970992 网http://www.balispirit.com/kafe 时08:00-23:00

淘气诺莉小吃店 Naughty Nuri's Warung

位于内卡美术馆对面的小吃店,设立于1995年,餐厅的布置十分简单,没有豪华的设计,只有拥挤却具有乡下小吃店氛围的长凳子,及贴满丰富趣味的海报、照片及画作的墙面,更突显老店怀旧氛围。淘气诺莉主要供应经过各式香料腌渍多时的猪肋排、牛肉、羊肉、鸡肉或是香肠,在店前当场进行烧烤BBQ作业。此外,这里的马丁尼也相当受到欢迎。

DATA　MAP▶P138.A1
址Jl.Raya Sanggingan, Ubud, Gianyar(内卡美术馆对面)电(0361)977547 网http://www.naughtynurisbali.com 时08:00-22:00

布兰柯文艺复兴美术馆 The Blanco Renaissance Museum

布兰柯曾在纽约国立艺术学院学习过,一向自诩本身的画风受到达利及米罗的熏陶。他认为女性的身体是上帝在人间最美丽的作品,多数画作都是以裸体女性为创作主题,更常以他的妻子入画。他的画作被世界上许多知名的美术馆或名人所收藏,已故知名摇滚巨星迈克·杰克逊也是其作品收藏者之一。布兰柯年老时在乌布茶潘桥附近兴建了一栋收集他画作的博物馆,由同是画家的儿子负责经营。

DATA　MAP▶P138.A2
址Campuan, Ubud, Gianyar 电(0361)975502 网http://www.blancomuseum.com 时09:00-17:00;全年无休

WARUNG MAMAYA BALI
艺术与美食兼具的殿堂

印度尼西亚巴厘岛是著名的旅游胜地，一年四季都吸引各国人士前往旅游、度假。位于巴厘岛中部的乌布（Ubud），是全岛最具艺术气息的地区，这里汇集了许多美术馆和木雕工作室，有许多的艺术家和舞蹈家在此聚集，互相激荡创作的灵感，化做鬼斧神工的精妙工艺品，这里的餐厅与商店，也深深受到艺术气息的感染，无论装潢布置或是摆设陈列，都具备独特的艺术品位与设计风格。

其中"WARUNG MAMAYA BALI"是一家在日本有10间连锁餐厅的企业，而巴厘岛是他们在海外的第一间店，店里的料理有日式、中式与印度尼西亚式，以及结合传统与现代的创新料理，从一进大门的佛头，就可以感受浓浓的巴厘岛风情，橘色墙面则展现热带南洋意象，而且从柱子上的精美雕刻，就能感受到果然是身在艺术重镇乌布的建筑。

餐厅内部从椅子到吊灯,也承袭了外墙的橘色主色,像是用一百分的热情迎接客人的光临。天堂鸟与彩色佛头的画作为米白色墙面做了最吸睛的点缀,也为这个来自日本的连锁餐厅融入南洋岛屿下了最佳注解。

在餐点部分,既然是来自日本,当然以日式料理为大宗,日式咖喱饭、味噌汤、炸虾……当然也有中式面饭以及印度尼西亚当地的特色美馔,如猪肋排、辣鸡饭等。

夜晚时分,您可以选择在"WARUNG MAMAYA BALI"的庭院中用餐,徐徐微风伴随黑夜星空,还有热带植物围绕,在如此优美的环境中,美景、美食,惬意与满足尽在不言中。

址 Jl. Sanggingan Ubud Gianyar
电 (0361)978 846, 979010
网 www.warungmamayabali.com
邮 mamayabali@gmail.com

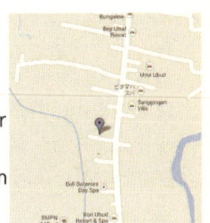

巴度尔火山与巴度尔湖
Gurung Batur and Danau Batur
山与水的美丽对话之境

巴度尔火山是一座经常性喷发的活火山，周边地区不时还可看见火山口冒烟的奇景。火山爆发形成的多层火山口与湖泊，孕育了敬畏火山之神及湖水之神的居民们，火山土壤让这里的蔬菜、柑橘更加甜美，还有湖里无污染的鲜鱼，也是当地人引以为傲的名产。在这人类崇拜自然、而大自然照顾人类的互助模式中，不难窥见巴厘岛人所追求的平衡。你绝对要深入其中，亲自体验此处的自然人文之美。

巴度尔火山及巴度尔湖周边景点导览图

巴度尔火山 Gurung Batur

巴厘岛人认为阿贡火山是他们的父亲，而巴度尔火山则是母亲。巴度尔火山曾经在1917年及1926年爆发过，目前也仍是座活火山，火山口经年有浓烟冒出，2009年还曾造成部分地方关闭。要体验这个区域有好几种方式：一是远远地看巴度尔火山，领略它那豪迈的大自然魅力；二是走进火山下的村庄，细细观察当年火山爆发的遗迹；三是欣赏巴度尔湖，感受它依偎火山边的宁静之美；至于最刺激的方式，就是参加登山队直攻巴度尔火山顶，不同的方式，都各有其魅力。

DATA
址 Kintamani, Bangli
MAP ▶ P142.B2

Chapter5 分区导览篇

金塔马尼 Kintamani

巴度尔火山对面有许多小村子，其中的金塔马尼村是环绕着火山及湖区周围最大的村落，也是观赏火山最佳位置之一。当地有些自助餐的餐厅视野相当不错，可一边享受午餐，一边欣赏火山及巴度尔湖的风貌。需注意的是，金塔马尼这一带常有偷窃事件，所以务必注意个人财物，不要遗留贵重物品在车里；打开车门时，也要小心一群向你飞扑而来的小贩。

DATA   MAP ▶ P142.A2
址 Kintamani, Bangli

透耶本嘉 Toya Bunkah

过了金塔马尼，驱车往巴度尔湖的方向，下坡前进的路段风景非常优美，还会看到许多黑色的火山熔岩散布在路边的草原、田野，还有一些小村落的断壁残垣，这是约90年前巴度尔火山爆发的遗迹。透耶本嘉是巴杜尔湖边较大的村落，有些小型的民宿型旅馆，提供便宜的住宿设施外，也提供巴度尔区域活动的安排服务。

DATA   MAP ▶ P142.B2
址 Toya Bunkah, Kintamani, Bangli

巴度尔神庙 Pura Ulun Danu Batur

神庙原位于巴度尔湖东北边的小村落，与布拉坦湖神庙一样祭祀湖水女神 Dewi Ulun Danu。1917年火山爆发时，岩浆流到庙前就奇迹般停下来，居民们深信是神明的保佑才让他们逃过一劫；然而，1926年火山再度爆发时，熔岩把整个庙都淹没了，居民迁往地势较高的金塔马尼一带，并在此重建神庙。现在庙里有九十多座神龛，是巴厘岛仅次于母庙最重要的神庙之一。进入庙前，记得要围上沙龙，以示尊重，不过小心售票处旁的贩售中心强迫你高价购买沙龙，可以用租的或是自备即可。

DATA   MAP ▶ P142.A2
址 Kintamani, Bangli

特嘎拉让 Tegallalang

这个山边小村是许多明信片或画作的取景地，山岚缭绕的山谷、层次分明的梯田，美丽的景致，令人流连忘返。路边有几家景观餐厅供应饮料及美食，不妨稍停片刻，领略一下梯田之美。另外，稍微远离餐厅的路边有许多木雕店，贩售雕刻作品，价钱约为观光地区的1/3，值得你停下来看看。

DATA   MAP ▶ P142.A3
址 从乌布出发，往金塔马尼及巴杜尔火山的方向约6.5公里处即是

百度库与布拉坦湖
Bedugul.Danau Bratan

集火山、湖泊、花卉、蔬菜、凉风、美景等元素的地区

百度库是巴厘岛最重要的水源地之一,也是南部通往北部的必经之地。此处海拔1500米,年均温约20℃,不但是当地人的避暑胜地,也是岛上最主要的高冷蔬菜、水果产区。若行程不赶,建议规划一天来此野餐漫步,欣赏令人感动的湖光山色,还可顺道造访车程约10～20分钟的嘉帝路维。此地气温较低,最好加件薄外套御寒。

百度库及布拉坦湖周边景点导览图

- 景点
- T 庙宇

双子湖景点
湖水女神庙 Pura Ulun Danu Bratan
游湖乘船场
展帝昆宁公园 Candikuning Park
D. Bratan 布拉坦湖
巴厘树顶冒险公园 Bali Treetop Adventure Park
巴厘岛植物园 Kebun Raya Eka Karya Bali
百度库游乐园 Taman Rekreasi Bedugul
草莓小站 Srrawberry Stop
展帝昆宁市场 Candikuning Market
Bedugul 百度库
帕充蔬果拍卖市场 Pasar Pacung Pacung Indah
帕充 Pacung
Pacung Asri
巴厘草莓农场 Bali Strawberry Farm

双子湖、高峰咖啡 Twin Lakes、Puncak Bagus Café

高峰咖啡位于娃那吉利(Wanagiri)村落,是过了百度库、布拉坦湖区后爬坡上山的最高点,布扬湖(Danau Buyan)与坦布林干湖(Danau Tamblingan)在此村落下方以一片狭长的小森林相隔,可同时欣赏到两座湖的美景。这两座湖泊原本是合在一起的,因为火山喷发造成火山熔岩阻塞,使得大湖被分隔成2座湖泊。高峰咖啡所当地正好是南部往北部的交通要道中心点,地利之便与得天独厚的美景,成为南来北往旅人驻足的休憩点,建议您在北上的舟车劳顿中途,在这家小店喝杯咖啡或茶,品尝店家特制的炸香蕉。

DATA MAP ▶ P146.A1
址 Bedugul, Tabanan, 布拉坦湖旁往北部新葛拉加的道路爬坡上行,约20分钟

Chapter5 分区导览篇

帕充 Pasar Pacung

帕充位于距离百度库大约15分钟车程的路上，是当地蔬果的集中拍卖市场，许多农人们都会把辛勤栽种的成果，运来这里由大盘商收购，然后再转售往较大的市区。来到这里，除了可以看到一堆堆五颜六色、堆得如小山丘般的各式蔬果，还可以亲身体会农家与商人们交易时彼此竞价喊价的过程，非常有趣。交易时间多半在上午，由于是大盘商批发，你如果有需要购买，不妨察言观色，跟老板谈个价。

图片提供／JoshSգy

DATA MAP ▶ P142.B3
址 Jl. Raya Baturiti Bedugul, Pasar Pacung, Tabanan

Tip 美景餐厅赏梯田

Pacung Asri旅店餐厅 Pacung Asri
店内设有多层次、不同高度的座位，供食客观看不同角度的梯田，晴天时，还可以观赏到巴度考火山(Mt. Batukau)，田园风光非常迷人。
DATA MAP ▶ P142.B3 址 Jl. Raya Baturiti Bedugu, Tabanan 电 (0368)21038 时 07:00-21:00

Pacung Indah旅店餐厅 Pacung Indah
位于Pacung Asri餐厅对面，Pacung Indah可以从比较近的角度欣赏梯田，感受令人震撼的绿色之美。
DATA MAP ▶ P142.B3 址 Jl. Pacung Baturiti, Tabanan 电 (0368)21020 时 07:00-21:00

展帝昆宁公园、湖水女神庙 Candikuning Park、Pura Ulun Danu Bratan

布拉坦湖是标高2096米的Catur火山之火口湖，水量蕴藏丰富，是巴厘岛非常重要的水库资源。以村子名称为名的湖畔公园，紧邻宽广的湖面，拥有数棵高耸入天的老榕树，建于湖上的湖水女神庙，是一座完全建造于水面的神庙建筑，主要祭祀湖水女神 Dewi Danu，一般游客只能从岸上观赏，无法直接进入。印度尼西亚 Rp.50 000货币背面的湖上神庙图案就是这里，游客可以站在岸上从不同的角度欣赏其"在水一方"的美丽姿态。

DATA MAP ▶ P142.B3
址 Candikuning, Tabanan 时 07:00-17:00

145

中西部
Middle West
田园风光无限的美丽景区

巴厘岛广大的中西部，大都隶属于塔巴南(Tabanan)境内，在古代隶属于塔巴南王国。由于土壤肥沃，盛产稻米，往北的地方地势渐高，出产温带水果、蔬菜、花生、可可及红茶，堪称是巴厘岛的谷仓。这里可以欣赏到别处看不到的梯田景观，巴度考神庙附近的嘉帝路维，自古以来就拥有全巴厘岛最壮观的梯田。西南海边的海神庙，是巴厘岛最受欢迎的景点之一，每逢黄昏时分，游客纷纷涌至，落日余晖照耀迷人景色，美丽无与伦比。

阿韵花园神庙 Pura Taman Ayun

阿韵花园神庙是早期孟威王国的国庙，也是巴厘岛第二大的寺庙。庙宇最大的特色就是四周环绕着护城河，宛如水上寺庙一般，整个结构代表印度教义中"漂浮在牛奶河上的圣山"。占地广阔，3座中庭分别代表地上的"灵魂"、"人"和"神"3个不同的领域；同时，这里的神龛也跟其他庙宇不一样，最高达11层，象征阿贡火山的神威。此外，庙中的石雕及庭园设计，也相当精细，看起来就像是一座皇宫御花园，在建筑历史上占有非常重要的地位。

DATA MAP ▶ P146.A2
地 Mengwi, Badung 时 08:00-18:00

克兰比坦王宫 Kerambitan Palace

克兰比坦王宫位于塔巴南西南部，过去塔巴南王国的国王欧卡接任王位后，划分一部分国土给他的兄弟，王宫也因此分成两部分，新克兰比坦宫(Puri Anyar Kerambitan)有国王的庭院、宴客厅及民宿相关设施，受到各国旅游人士的欢迎；位于隔壁街（王宫跨越到另一条街）的大王宫(Puri Agung Kerambitan)则拥有供奉历代国王的寺庙神坛，及许多以中国瓷器盘子装饰的庭院，一些早期国王的照片、相关文物都在这里陈列，可免费入内参观。

DATA MAP ▶ P142.A2
地 Puri Anyard Kerabitan, Tabanan 电 (0361)812774 网 http://purianyarkerambitan.com/

海神庙 Tanah Lot

海神庙可说是巴厘岛最知名的旅游地标，相传这座庙是由来自爪哇岛的高僧修建，祭祀海洋主宰之神。抵达停车场前，需依照本国人、外国人身份分成两边购买门票及缴纳停车费。建议 17:00 左右到达海神庙，穿过一长排摊贩，往右转的斜坡上有景观餐厅，可以在此喝喝饮料、欣赏海神庙的美丽落日。在退潮时，海神庙是可以走过去近观的，有一传说是即将结婚的男女不要接近这座庙，不然会闹分手，但事实上非当地印度教徒本来就是禁止进入寺庙的。

DATA　MAP ▶ P146.A2
址 Jl. Raya Tanah Lot, Pura Tanah Lot, Kediri, Tabanan　时 07:00-19:00　网 www.tanahlot.net

神圣巴度考神庙 Pura Luhur Batukau

庙宇位于巴厘岛第二高的火山巴度考山（Mt. Batukau，高度 2276 米）山间，是古代塔巴南王国的国庙。高达 7 层的神龛奉祀着巴度考火山的守护神 Maha Dewa，并有不同神龛奉祀着火山口处 3 座火山湖（布拉坦湖、布扬湖、与坦布林干湖）的守护神。整座神庙位于山上的森林里，温度跟平地的酷热有很大差别，由于常有山雾袅绕，潮湿的空气带有一股幽静的气氛，经常可以看到如明信片中一样长满青苔的石雕，散发淡淡的思古幽情。

DATA　MAP ▶ P146.A1
址 Penebel, Tabanan　时 08:00-17:00

嘉帝路维 Jatiluwih

位于巴度考神庙南边近 30 分钟车程的小村落嘉帝路维，地名的意思是"真正的令人惊叹"，实际上也是地如其名，绵延将近 7 公里的梯田景观，层层叠叠出现在眼前，堪称巴厘岛最壮丽景观，曾提名申请"世界文化遗产"。想要一探梯田美景，在村子的入口处须支付过路费，村子的正中央，也就是梯田景致最壮观的地方，有一家名为 Café Jatiluwih 的小餐厅，最适合居高临下、远眺满山遍野梯田的雄伟辽阔景观。

DATA　MAP ▶ P146.A1
址 Jatiluwih, Tabanan　费 入村过路费每人 Rp.10000、汽车辆 Rp.5000

东部及东北部
East and North East
庙宇根源地与最佳潜水区

巴厘岛的东部,是300年前整个巴厘岛文化艺术及文明的发源地,举凡今日我们在巴厘岛各地可以见到的戏剧、舞蹈、各种神话史诗,甚至是相关的艺术绘画,都深深受到当时位于此地的Gelgel及克龙宫(Klungkung)王国影响。至于东北部,古代这里是卡拉那桑(Karangasem)王国,以安拉普拉(Amlapura)为首府,领地包括了泉帝塔萨、母庙、阿妹、阿贡火山及巴度尔火山的一部分,1963年阿贡火山大喷发,让这区域丧生了近1900位居民。这位于天之涯、海之角、没有都市污染的区域,拥有的只是纯朴的渔村、美丽的海洋景观,以及友善的热情村民,许多向往大自然的人们早就把此地当成不想让别人知道的秘密天堂,想要领略自然纯净的岛国之美,岂容错过如此胜境!

东部及东北部周边景点导览图

贝沙奇母庙 Besakie

这是巴厘岛最重要也是最大的庙宇,位于阿贡火山山腰处,据说坐拥绝佳的风水位置,从公元10世纪开始,就是僧侣修行冥想的宝地,更拥有历代建立的23座大小寺庙,故被巴厘岛人认为是各地大小庙宇的根源,因而有"母庙"之称。早上是造访母庙的最佳时机,阿贡火山与神庙群交相辉映的美丽景致,成为摄影师们镜头下最爱取材的地点。但需注意的是,外来游客只能在外观赏,不能进入庙里,就算有当地导游提议可以带你进去,也千万不要贸然答应,以免触犯当地人的禁忌。

DATA　MAP ▶ P148.A1
Rendang, Karangasen

Chapter5 分区导览篇

古代花园法庭 Taman Kertha Gosa

位于瑟马拉普拉(Semarapura)的Puri Semarapura王宫，是1710年王国建立时的遗址，原来的王宫毁于1908年荷兰入侵时，现址则是后来重建的。王宫内的花园有着华丽的水上凉亭、瑟马拉普拉博物馆，以及解决地方纠纷的仲裁法庭。法庭内有许多以残酷地狱刑罚与神话人物为主题的画作；博物馆则展示王国文物与当地居民的生活形态，其中以描绘当年克龙宫王国"普普丹"(Puputan)事件的画作最具代表性。

DATA　　　　　　　　　　　　　　　　　　　MAP▶P148.A2
址 Jatiluwih, Tabanan　费 入村过路费每人 Rp.10,000、汽车每辆 Rp.5,000

阿贡火山 Mt. Agung

阿贡火山高3142米，是巴厘岛的第一高峰，占地很广，登山路线也很多，路况、天气、温度变化莫测，建议登山前务必事先雇用当地精选过的专业向导。阿贡火山通常会在中午以后开始云雾缭绕，能见度变差且湿度大，不适合攀爬，大部分的行程都在半夜就出发，在中午前结束。雨季时山路泥泞难走，不是登山的好时节；1、2月与4月的大半正逢母庙的大祭典，此时不可攀登阿贡火山，平常的小型祭典则听从向导建议，部分仅需一些捐献即可。

DATA　　　　　　　　　　MAP▶P148.A1
址 Gunung Agung, Karngasem

泉帝塔萨 Candidasa

泉帝塔萨是一处安静休闲度假区，虽因早期的珊瑚礁采伐，导致海滩与珊瑚礁被破坏，进行补救措施之后，又逐渐恢复生气。此处除潜水、浮潜外，也可顺道探访巴厘岛东部许多有趣的小村庄，领略巴厘岛的另一种风情。整个泉帝塔萨很简单，主要海岸道路 Jl. Raya Candidasa 长约1公里，两侧有许多优雅的小型滨海度假旅馆及口碑不错的小餐厅，还有位于山坡上的 Pura Candidasa 神庙。虽然没有太多娱乐设施与夜生活，却是单纯享受潜水之乐、小村天然幽静的好去处。

DATA　　　　　　　　　　MAP▶P148.B2
址 Candidasa, Karangasen

环瑟拉亚火山海岸道路 Gunung Seraya

这条蜿蜒曲折的山路通往安拉普拉 (Amlapura) 郊区的乌俊 (Ujung)，沿路会经过许多未经外界开发污染的纯朴村落。由于此地属于火山地形，种不了太多作物，生活比较贫困，也因此能让旅人看到十分原始的一面，除了欣赏美丽的海岸风光，不妨也下车跟居民聊聊。走这条路会比原路多出 30 到 40 分钟的时间，但却能换得桃花源般的海滨村落风景。

DATA　MAP▶P148.B1
址 Gunung Seraya, Karanggasem

阿美 Amed

来到巴厘岛，若想追求远离尘嚣的天涯海角之境，感受未开发的乡村气氛与自然风貌，不妨走一趟位于东北角的阿美，此地除以潜水闻名外，当地旖旎的日出、夕阳景观，更是为当地人所津津乐道。建议在下午三四点左右来到这里，入住海边小旅馆安顿好行李后，就可往海边走去，准备期待日落的美景，在夕阳余晖的映照之下，远处的渔船杆影仿如一幅风景画，浪漫唯美的情境令人陶醉。

DATA　MAP▶P148.B1
址 Amed, Karangasen

土狼奔 Tulamben

土狼奔最有趣的潜水点就在距离海岸约 20 米处，这里有一艘 1942 年被日军鱼雷所炸沉的美国轮船"自由号"(Liberty) 沉船残骸。潜入水中一窥其样貌，会让人联想到电影《泰坦尼克号》的浪漫故事，而沉船所造成的珊瑚礁也是许多大大小小的鱼群的栖息地，奇特美丽的海底景观，吸引众多潜水客来此造访；此外，在水面使用浮潜的方式也能看到沉船。土狼奔街上即有潜水店提供设备出租，并有导潜服务，海边的小旅馆也有浮潜装备租借。

DATA　MAP▶P148.B1
址 Tulamben, Karanggasem

北部及西北部
North and North West
品味最原汁原味的自然巴厘

面积广大的北部及西北部，拥有深厚的历史文化内涵与丰富的自然美景。第二大城新葛拉加曾是布列连(Buleleng)王国的首都，也是后来荷兰人占领时期的政治中心，许多殖民政策都从这里开始，境内可看到多处殖民与华人移民遗迹。与南部无法直通的西北部，大多区域隶属巴厘国家公园的保护与管辖范围中，保留了非常珍贵的原始自然风貌，而周边几个有意思的村落也值得前往拜访，领略当地风情。

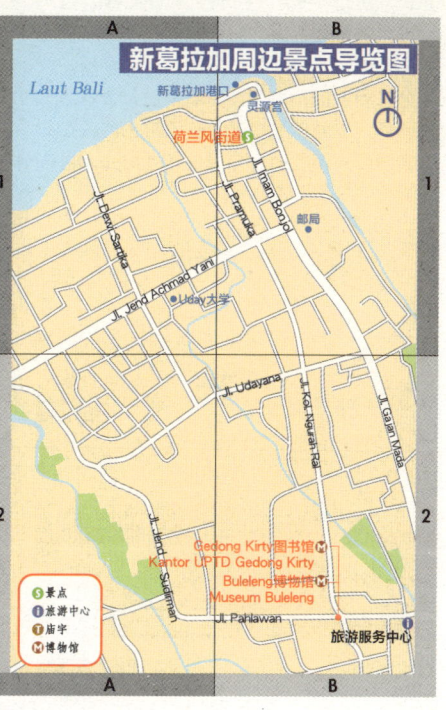

新葛拉加 Singaraja

新葛拉加原意为"狮城"，曾是布列连(Buleleng)王国的首都所当地，目前为仅次于巴厘岛首府登巴沙的第二大城，拥有近十万人口，区内并设有两座大学，因而成为巴厘岛的教育与文化中心。新葛拉加是许多邻近城镇的交通要塞，由于曾为荷兰殖民时期的首府，故保留许多殖民时期的建筑遗风，港口虽然已经没有船舶停靠，仍可看到当年的栈桥以及荷兰殖民时期的仓库与房舍。

DATA MAP▶P151

Singaraja, Buleleng

罗威那 Lovina

罗威那主要是片绵延长达 8 公里的黑沙海滩区域,由 Tukad Mungga、Anturan、Kalibukbuk、Kaliasem、Temukus 等 5 个小村子所组成。自 1960 年兴建 Tasik Madu Hotel 之后,带动了当地的观光事业发展,许多旅馆、酒店陆续兴起,罗威那也开始成为西方人眼中的度假胜地,并以聚集最多旅馆餐厅的 Kalibukbuk 为中心进行各项旅游活动。大部分来到罗威那的人,目的都是为了到海上看海豚,近几年来,巴厘岛酒商也选择在此栽种葡萄,不但酿出芳醇的当地酒品,也成为游客们陶醉品味的另一种特产。

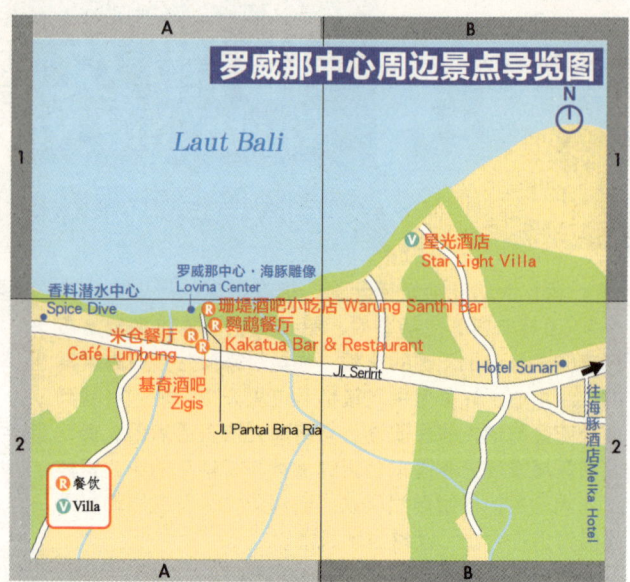

DATA
址 Lovina, Buleleng
MAP ▶ P151

Tip 罗威那中心推荐餐厅

珊堤酒吧小吃店 Warung Santhi Bar
址 Jl. Lovina, Lovina Center, Kalibukbuk, Lovina, Buleleng　时 10:30-23:00
电 085-237-202-147

米仓咖啡餐厅 Café Lumbung
址 Jl. Lovina, Lovina Center, Kalibukbuk, Lovina, Buleleng　时 11:00-23:00
电 (0362)41149

鹦鹉餐厅 Kakatua Bar & Restaurant
址 Jl. Pantai Binaria, Lovina Beach, Singaraja, Buleleng　时 11:00-22:00
电 (0362)41144

基奇酒吧 Zigis
址 Jl. Pantai Binaria, Lovina Beach, Singaraja, Buleleng　时 16:00 至深夜
网 http://www.albe.net/de/zigiz

色里里 Seririt

色里里一带除了稻田,还有一整片的葡萄园,葡萄园以搭棚架方式建成,白葡萄、红葡萄都有,早期的居民种植葡萄是拿来当水果或祭祀时使用,自从哈登 (Hatten) 这个当地的米酒酿制家族引进澳洲、欧洲等地的葡萄酒酿造技术后,便开始以这一带的葡萄为来源,生产数种不同的红酒、白酒及气泡酒,为巴厘岛的酒精市场注入一股前所未有的生命力。

DATA
址 Seririt, Buleleng
MAP ▶ P154.B1

Chapter5 分区导览篇

班家温泉 Air Panas Banjar

班家是罗威那往色里里公路上靠近山脉的村落,在茂密的丛林溪谷边有处地热涌出的温泉,当地兴建为公众浴池,一般民众可以着泳衣,到这里享受森林中泡汤的乐趣。班家温泉总共有3个池子,包括两个高低连接的大池与一旁的SPA冲水池,并由上方长得像龙的8只巨兽嘴里吐出温泉水,再由低层的5只巨兽承接上方泉水注入大池。温泉池上方还有餐厅,气氛惬意悠闲,加上森林,是参访罗威那或北部区域时可进行一日放松的好地方。

DATA MAP▶P154.B1
址 Banjar, Buleleng

巴厘岛国家公园、鹿岛 Taman Nasional Bali Barat、Pulau Menhangan

巴厘岛西北部的巴厘国家公园占地约19 000公顷,连同周边的区域及鹿岛周围海域的珊瑚礁,面积广达8万多公顷。国家公园的地形景观丰富,包括了火山、森林、热带雨林及海边红树林等;除了鹿,还有各种珍稀的动物与鸟类。来到国家公园,原始森林健行、鹿岛参访及水上活动等,都是相当值得尝试的热门体验活动。鹿岛的四周是陷落地形,因此离海岸不远的海域就有相当深度,非常适合浮潜或潜水,可以看到丰富的鱼群及美丽的海底世界。

图片提供／鹿岛梦想度假村

DATA MAP▶P154.A1
国家公园游客中心 Bali Barat National Park Vistor's Centre 址 Labuhan Lalang, Jembrana 时 07:30-17:00
国家公园总部 Bali Barat National Park Office HQ 址 Jl. Raya Cekik, Gilimanuk, Jembrana 电 (0365)61060
鹿岛 址 Pulao Menhangan, Jembrana

吉利马努克 Gilimanuk

位于巴厘岛的最西端，与印度尼西亚最大的爪哇岛遥遥相望，自古就是爪哇文化与政权进入巴厘岛的滩头堡，络绎不绝来往于两岸的渡轮，只要30分钟就可以抵达对岸爪哇岛的克他磅（Ketapang）。附近有许多受到爪哇文化影响的伊斯兰教村落，另外还有先前受到宗教迫害而迁居于此的天主教村落，不妨停下脚步欣赏这些不同文化交流融合的小世界。

DATA 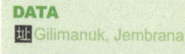 MAP ▶ P154.A1
址 Gilimanuk, Jembrana

西北部周边景点导览图

佩母特兰 Pemuteran

佩母特兰是个海边的小渔村，拥有迷人的海底景致，但由于全球暖化，使得渔获量变少，炸鱼、毒鱼等非法捕捞层出不穷，加上海底珊瑚礁白化，海底鱼群的生活环境面临很大的考验。有位潜水公司老板集合当地旅馆、潜水等相关业者成立组织，以发展水上活动、研究海洋议题为主，并邀请专家来为珊瑚礁复育传授相关经验及指导。目前佩母特兰的海底人工礁石共有67座，24小时皆有微弱电流通电，刺激珊瑚成长，带来丰硕的鱼群生态，吸引许多来此地潜水、度假的旅客前来一窥海底美景。

DATA MAP ▶ P154.A1
址 Pemuteran, Buleleng

Chapter 6
旅游资讯篇

实用资讯 ·············· **156**
实用旅行印度尼西亚语 ········ **159**

实用资讯
到巴厘岛旅游不可不知的事！

🔴 拨打电话
拨打电话方式

人在巴厘岛，拨打中国市话/手机

| 00（国际冠码） | + | 86（中国国码） | + | 区域号码去0＋电话号码／手机号码去0 |

人在中国，拨打巴厘岛市话/手机

| 002（国际冠码） | + | 62（印尼国码） | + | 区域号码去0＋电话号码／手机号码去0 |

人在巴厘岛，以市话或手机拨打巴厘岛市话/手机

| 0 | + | 区域号码 | + | 电话号码／手机号码 |

使用自己的手机打电话
巴厘岛的手机跟中国一样属于GSM系统，中国的3G手机门号只要有开通漫游功能，到当地可直接漫游，但无论拨回中国或拨打当地电话都必须有面对高额漫游通信费的心理准备。若要联络方便，又想减轻通信费负担，建议可购买当地电信业者推出的手机储值预付卡，巴厘岛努拉来国际机场出口即有通信业者柜台，你也可以在超市或是街上的小店购买。因各家手机机种所使用的SIM卡大小不一，购买后可请店家协助安装开通，他们就会帮忙将SIM卡剪裁成符合手机SIM卡插槽的尺寸。

🔴 公共电话
在人人有手机的新时代里，巴厘岛和中国一样，使用的公用电话越来越少，现在在巴厘岛几乎已经找不到公共电话了，即便是地处偏远的村落，也多半以手机作为联系工具。

🔴 租用当地手机
你可以在巴厘岛租到当地的手机，一天租金大约Rp.70 000，须支付保证金，通话费用另计，拨打当地电话每分钟约Rp.1000～Rp.3000，拨打国际电话每分钟约Rp.10 000～30 000。不过这类的手机租用不是太普遍，各区域多半只出现在大型的免税商店或是旅游服务中心。

🔴 上网
大部分的人为了要上脸书打卡、接收重要邮件，或是在旅途中查询旅游点资料等，就算是到巴厘岛旅行，也都有使用网络的需求。在巴厘岛要上网有几个方式推荐：
免费无线Wi-Fi
大部分的餐厅、酒吧、俱乐部都提供免费Wi-Fi，旅馆的大厅或房间（部分旅馆需额外付费）也有提供，不过，大多店家都有加密，仅提供给他们的顾客使用，需向服务人员询问该店家的Wi-Fi密码。

Chapter6 旅游资讯篇

网吧

主要景区街上都有网吧(Internet Café)，费用每分钟约Rp.200~Rp.500。

含上网服务的当地电信预付卡

当地的预付卡中，最常见的就是Telkomsel电信公司推出的SimPati卡，SIM卡中包含一个当地门号及一定额度的通话费，可用来3G无线上网及打电话，购买后可立即开通，卡内额度用完还可储值。基本预付卡价格为Rp.15 000，其中Rp.10 000是SIM卡内含门号的费用，Rp.5 000是可用额度，可用来拨打电话。若需要3G上网功能服务，购买时直接跟店家说要有3G上网的卡片，店员就会协助将3G上网功能加值到SIM卡中。一般上网额度15MB约Rp.10 000、有效期7天，200MB约Rp.25 000、有效期14天，还有其他许多方案，你可以询问店家有效期更长或额度更大的方案。此外，加值时通常店家会收取少许的服务费。

小费

巴厘岛的税金制度在旅馆业是21%（10%服务费、11%政府税），而在一般餐厅则为16.5%~18%不等，其中10%为政府税，而各餐厅服务费不同，约6.5%~8%，这些税金都是定价外加，大部分餐厅和旅馆会在价格表上注明，若无写明，建议先向店家询问清楚。虽然已经有税金和服务费，不过巴厘岛是个小费盛行的地区，到餐厅用餐、SPA按摩、泛舟时，给服务人员、芳疗师、泛舟教练小费都属普遍，还有住宿旅馆的清洁人员床头小费、服务生行李小费也不可少，给多给少端看个人意思及感觉，基本是Rp.10 000~Rp.20 000（约1~2美元），若对服务非常满意也可多给些。

邮寄服务

有些旅客习惯在旅途中寄张明信片给自己或亲友，作为出游的纪念。巴厘岛观光地区都有不少商店贩售精美的风景明信片，邮票则须至邮局或邮政代办所(Postal Agent)购买，只要询问当地店家或餐厅，他们都会很乐意告诉你邮局或是代办所的所在位置。一般明信片寄回中国的价格每张约Rp.7000，平信是Rp.10000，寄到中国通常需要约2周的时间。此外，大多旅馆都提供邮寄服务，也可以请下榻旅馆帮忙代寄，只要支付相关邮资费用即可。

图片提供／JoahS@y

紧急联络电话

● 警察总站 电 112　● 火警 电 113　● 搜救救援 电 118

注 手机直拨，前面须加巴厘岛区码0361。

● 中国驻印尼大使馆

址 Jl.Mega Kuningan No.2,Jakarta Selatcon, 12950,Indonesia 网 http://id.china-embassy.org 电 国家地区号0062-21（雅加达）24小时值班电话8168 65655（仅限紧急情况，不负责证件业务咨询）邮 领事保护邮箱consulate-idn@mfa.gov.cn

中国驻泗水总领事馆

电 0062-31-5675821　　手机0062-811311148
FAX 0062-31-5675821

中国驻棉兴总领事馆

电 0062-61-4571232　夜间、周末、假日值班手机0062-82165631079，领事保护手机0062-82165631070

注 急难救助电话专供紧急求助之用（如车祸、抢劫、有关生命安危紧急情况等），非急难重大事件请勿拨打；一般护照、签证等事项，请于上班时间向办公室电话查询。

图片提供／neerovbhatt

🔴 医疗

出门在外，个人常用药品、小型医药箱都是旅程必备物品，需要时可派上用场。若真的很不舒服必须就医，巴厘岛有不少可通英文的医疗院所。

● **BIMC医院（国际型医疗诊所）**
网 http://www.bimcbali.com
■ 库塔 址 Jl. Bypass Ngurah Rai 100x, Kuta 电(0361)761-263
■ 努沙度瓦 址 Kawasan BTDC Block D, Nusa Dua 电(0361)3000911

● **International SOS Medical Clinic（国际型医疗诊所）**
址 Jalan By Pass Ngurah Rai 505X, Kuta 电(0 361) 710-505、710-515 网 http://www.sos-bali.com

● **Bali Clinic（塞米亚克区）**
址 Jl. Lasmana / Oberoi no. 54 XX – Seminyak Kuta 电(0361)733-301、784-7902；手机Mr. Edo 081337 865 739（24小时）

● **Sanglah Hospital（巴厘岛省立医院）**
址 Jl. Kesehatan Selatan 1, Sanglah, Denpasar 电(0361)227-911（15线）；VIP rooms (0361)232-603；Super VIP rooms(0361)247-250～5 网 http://www.sanglahhospitalbali.com（仅印度尼西亚文）

● **Ubud Clinic（乌布私人诊所）**
址 Jl. Raya Ubud No. 36 Campuhan（茶潘桥附近）
电(0361)974-911

● **Toya Medika Clinic（乌布私人诊所）**
址 Jl. Raya Pengosekan, Ubud（加油站与ARMA美术馆间）
电(0361)978-078、(0361)746-8151

🔴 其他注意事项

● 巴厘岛的自来水不可以生饮，须购买矿泉水饮用，路边摊的冰块最好也不要吃下肚，以免食物中毒。
● 当地料理口味较辣，不善吃辣的人，请在点餐时事先告知服务人员。
● 拍摄当地人前，须先得到对方同意，以免事后被索取费用，引起纠纷。庆典中拍照不可站在祭祀人群前，也不能用闪光灯拍摄祭司。

🔴 饮酒

印度尼西亚对于酒类采取高额关税政策，所以进口的酒类价格非常贵，若想小酌两杯，可以选择当地品牌啤酒，或巴厘岛本地生产酿造的哈登葡萄酒(Hatten Wines)，价格实惠，品质也不错。此外，一些酒吧或是夜店（尤其在雷根大街一带）为了吸引客人，推出许多低价喝到饱的饮料政策，羊毛出在羊身上，这些便宜的酒可能都属劣质酒，甚至还有化学调制的假酒，品质好些的喝了隔天头痛欲裂，严重的甚至还曾经传出喝死人或眼睛瞎了的悲剧，须格外小心。

🔴 个人安全

巴厘岛有许多旅馆、酒店、私人别墅或民宿都是采取开放式设计，阻挡外人入侵的功能相对较不严密。为了避免引来盗匪觊觎，最好的方式就是低调一些，别因为度假就嬉闹无度。此外，入住处所要确认有完善的门锁或警卫设施，以确保在外旅游的安全。

酒后不开车，安全有保障

实用旅行印度尼西亚语

学会必备词汇，旅程畅通无阻！

🌸 日常基本会话

中文	印度尼西亚语拼音
你好	Apa kabar
早安	Selamat pagi
午安	Selamat siang
晚安	Selamat malam
再见	Selamat tinggal
谢谢	Terima kasih
对不起	Maaf
等一下	Tunggu sebentar
没关系	Tidak apa apa
不客气	Sama Sama
不好意思	Permisi
很高兴认识你	Sangat senang Berkenalan dengan anda

🌸 购物

中文	印度尼西亚语拼音
多少钱？	Berapa harganya?
有没有……	Ada tidak……
是不是……	Iya tidak……
要不要……	Mau tidak……
可不可以……	Bole tidak……
喜不喜欢……	Suka tidak……
贵	Mahal
便宜	Murah
打折	Dis-kon
买	Beli
颜色	Warna
我要这个	Saya ambil yang ini
算我 Rp.10 000 可以吗？	Kalau rupiah sepuluh ribu bagaimana?
再来一个	Satu lagi

🌸 餐厅

中文	印度尼西亚语拼音
欢迎光临！您一共有几位？	Selamat datang! Bapak ada berapa orang semuanya?
你们这里的特色菜是什么？	Disini makanan spesial/Khas-nya apa?
可以用信用卡付账吗？	Saya bisa bayar dengan kartu kredit?
请给我菜单	Minta menunya
我要点这道菜	Saya tidak pesan ini
不要太辣	Jangan sampai terlalu panas
筷子，刀子，叉子，汤匙	Sumpit, Pisau, Garpu, Sendok
烟灰缸，杯子，盘子	Asbak, Gelas, Piring

🌸 交通与问路

中文	印度尼西亚语拼音
请问怎么走？	Numpang Tanya Bagaim?
我想去……	Ke mana
直走	Tetus / Lurus
向左 / 右	Ke kiri / Kanan
向前 / 后	Hadap ke depan/Hadap ke belakan
去哪里？	Anda mau pergi ke mana?
请去……（地名）	Saya mau pergi ke……
请跳表……	Tolong pakai agor
这里停就好。	Tolong berhenti di sini
这条路是什么名字？	Apa nama jalan ini?

🌸 数字

中文	印度尼西亚语拼音	中文	印度尼西亚语拼音
1	Satu	8	Delapan
2	Dua	9	Sembilan
3	Tiga	10	Sepuluh
4	Empat	100	Ratus
5	Lima	1000	Ribu
6	Enam	10000	Puluh ribu
7	Tujuh		

🌸 住宿

中文	印度尼西亚语拼音
我的名字是……	Nama saya……
我订了一个房间	Saya sudah melakukan reservasi Untuk sebuah kamar.
这是我的行李	Ini koper saya
早餐几点开始？	Jam berapa waktu untuk sarapan?
有空房间吗？	Ada kamar kosong?
费用有包括早餐吗？	Tarif itu sudah termasuk makan pagi?
请帮我叫计程车	Tolong pangil taksi

🌸 医疗

中文	印度尼西亚语拼音
你要找医生吗？	Haruskah kamu menelpon dokter?
我们需要去医生那	Kami harus segera ke dokter
我觉得身体不舒服	Saya tida enak badan
有止泻的药吗？	Adakah obat untuk menceret?
医院在哪里？	Di mana rumah sakit ?
带我去医院	Tolong antar saya ke rumah sakit
我需要住院吗？	Apakah saya harus diopname di rumah sakit?
可以使用保险吗？	Bisakah pakai asuransi?

北京版权局著作权合同登记图字：01-2014-4947

策　　划：丁海秀　李荣强
责任编辑：李荣强

图书在版编目（CIP）数据

第一次自助游巴厘岛超简单／林柏寿编著、摄. --
北京：旅游教育出版社，2015.1
ISBN 978-7-5637-3079-7

Ⅰ.①第… Ⅱ.①林… Ⅲ.①旅游指南—印度尼西亚
Ⅳ.①K934.29

中国版本图书馆CIP数据核字（2014）第280468号

本书由台湾宏硕文化事业股份有限公司授权出版

第一次自助游巴厘岛超简单

林柏寿　编著·摄影

出版单位：	旅游教育出版社
地　　址：	北京市朝阳区定福庄南里1号
邮　　编：	100024
发行电话：	（010）65778403 65728372
	65767462（传真）
本社网址：	www.tepcb.com
E-mail：	tepfx@163.com
排版单位：	北京旅教文化传播有限公司
印刷单位：	北京嘉业印刷厂
经销单位：	新华书店
开　　本：	720毫米×1000毫米　1/16
印　　张：	10
字　　数：	178千字
版　　次：	2015年1月第1版
印　　次：	2015年1月第1次印刷
定　　价：	35.00元

（图书如有装订差错请与发行部联系）